《活着的记忆——婺源非物质文化遗产录》丛书编委会

顾　问　周遐光　费长辉
主　任　汪炬星
副主任　潘显峰　汪立新　汪叔逊　江进民　王群英

主　编　王振忠
编　委　王涧石　揭凌峰　胡中泰　胡兆保　何柏坤　汪根发
　　　　毕新丁　洪忠佩　洪玄发　陈爱中　詹瑞天

丛书编校人员　施杰平　程晓军

丛书图片摄影人员
　　　　何柏坤　王汝春　胡兆保　洪德平　胡中泰　毕新丁
　　　　李泉发　綦茗鹏　俞承勋　胡红平　洪元培　任春才
　　　　宋荣明　程　政　张银泉　程晓军　余春光

活着的记忆

——婺源非物质文化遗产录

Huozhede Jiyi

Wuyuan Feiwuzhi Wenhua yichan Lu

1

王振忠◎主编

江西人民出版社

　　江西婺源县原属于安徽省南部的徽州府，在明清时代，地处皖南的徽州，其西南一角突出，深深地插入江西省境内，所以晚清地理著作《皇朝直省府厅州县歌括》曾这样描述："徽州府在省极南，所辖六县歙为首。休宁祁门婺源角，绩溪府北黟西守。"这是用诗歌的形式，对徽州一府六县之地理位置做了形象的概括——在徽州府所辖的六县中，歙县是首县，为徽州府治所在，而婺源县则恰恰处于整个徽州府的西南一"角"，此种地理区位，也为 20 世纪婺源县两度划归江西省埋下了伏笔。

　　在历史上，婺源县虽然僻处西南一隅，但在徽州人的心目中，婺源位于徽州上游，是徽州的重要门户。自唐宋以来就一直隶属于徽州以及她的前身歙州，历时已达千余年。从文化、军事、经济及民生等各方面来看，都与皖南徽州的其他五县融为一体，难以分割。祖籍婺源的朱熹是徽州人的骄傲，徽人因"文公家礼"潜移默化，徽州蔚为礼教之邦而蜚声远近。在这种背景下，婺源对于徽州来说便显得格外重要。在徽州人看来，婺源的重要性犹如曲阜之于山东、洛阳之于河南，是徽州乃至安徽全省文化精神的象征。明清以来，长江中下游一带素有"无徽不成镇"之谚。由于商业发达，旅外同乡如恒河沙数，各地皆有徽州会馆之设置，这些会馆都崇奉朱熹，以"文公家礼"、"程朱理学"别树一帜，以凸显"贾而好儒"的徽商特色，并藉以加强徽州一府六县商帮的精诚团结。

　　1949 年婺源县被划入江西省，这是婺源历史上第二度划归江西，也是该县永远脱离"母省"的行政更迭。

近数十年来,旧徽州的行政建置屡经嬗变,昔日的一府六县已分隶两省数区。尽管如此,婺源、绩溪的不少人(尤其是上了年纪的老人),在自我认同上仍然是心系徽州。他们认为——婺源、绩溪的文化是徽州文化不可或缺的重要组成部分,徽州仍是他们难以割舍的心灵故园。与旧徽州的核心地带相比,从总体上看,婺源遗存的徽派古建筑虽然不及歙县、黟县等地精美,古村落或旅游景点之分布也较为分散。不过,当地的自然山水及人文景观均极壮丽,而且,不少新建的粉墙黛瓦仍旧是徽味十足,较现在的徽州核心地带甚至是有过之而无不及。这些,都极为直观地令人感受到婺源人对于传统徽州文化的固守。迄至今日,徜徉于"中国最美的乡村",婺源古村落仍以徽州文化为深厚底蕴,古建筑与自然山水和谐共存,粉墙黛瓦、高低参差的马头墙错落有致,体现出独特的韵律感。

当然,在徽州文化的大背景下,婺源仍有其独特的地域特色。明清时期,徽州是商贾之乡,出自一府六县的商人虽然统称曰"徽商",但诸县商业之侧重点又各有不同。歙县主要以扬州盐商最为著名,休宁人专精于典当业,婺源木商和墨商相当有名,绩溪人则大多是小商小贩,以从事徽馆业为数众多。以婺源的商业与文化时尚为例,东、北乡一带商业最为发达,与江南苏、杭一带的互动亦颇为频繁。迄至今日,虹关、岭脚、庐坑等地颇具沧桑感的古村落和老房子,正是昔日辉煌的一抹余晖。此外,在历史上,虽然四乡风气不同,但"婺人喜读书,虽十家村落,亦有讽诵之声"——此乃东西南北四乡共同的特点,这也正是婺源文化具有深厚积淀和高品位传承的历史基础。浩繁无数的传世文献,以及当地丰富的人文景观,使得婺源成了为中国地域文化研究所瞩目的一方热土。而在这一域热土上,纷繁多样的非物质文化遗产,亦引起世人的高度关注。

揆诸实际,婺源的非物质文化遗产在徽州极具特色。近代启蒙读物即曾提及："玉皇大帝，司命灶君，四大天将，马赵岳温，雷公电母，风伯雨师，西方佛祖，行雨龙王，三光菩萨，观音世尊，金刚罗汉，弥陀目连，真武菩萨，九华地藏，傩神元帅，香火祖师……"这些光怪陆离的神明，都是昔日徽州民间信仰中一般民众顶礼膜拜的对象。其中的"傩神元帅"，也就是傩舞中奉祀的主神。而在徽州，婺源的傩舞又最为著名。早在明正统十四年（1449），休宁县茗洲村民就规定——当地的春秋社祭，由婺源的"香头角抵之戏"为之行傩，并相沿成例。可见在当时，傩舞便已走出婺源一隅而闻名于徽州各地。从文献记载来看，各地民间都组织有"狮傩会""乡傩会"或"驱傩会"等，这些傩会组织经管有田产，每年的收益除了迎神赛会之外，还用于修桥铺路等公共开支。傩神受到婺源人的广泛崇拜，康熙四十五年（1706）詹元相所著的《畏斋日记》就提及：在庆源，"接狮傩会神，支银五分赏傩人"。此处的"狮傩"，职司禳疫祛邪。《黼山府君年谱》亦说谱主四岁时，"村俗元日傩于祖庙，奉傩神于庙之庑"。该年谱为晚清余香祖等所编，谱主系婺源沱川理源人（号黼山），生于嘉庆八年（1803），这里也提及婺源东北乡的傩神。而在新近发现的民间文书中，更有婺源某地的"驱傩会账簿存底"，其中记录了"收租供猪做会"的人名。从中可见，该"驱傩会"成员计有40余人，分为4阄，每阄10人左右，拈阄轮流，主办驱傩会，主其事者可以收租，并提供驱傩时所用的会猪等供品。根据民间的惯例，接傩神时，傩神菩萨的神宅如何布置，还必须迎请风水先生履勘和指点。傩舞在婺源流传颇广，历史上曾有"三十六傩班，七十二狮班"的说法。举凡大的村落，附近总有小姓跳傩舞。何柏坤先生的《婺源傩舞》，正是对此一非物质文化遗产颇为细致的专门性探讨。

在历史上，除傩舞外，与各类迎神赛会相关的还有婺源的抬阁、灯彩和豆腐架等。而在民间赛事中，"六街灯火,九陌笙歌",在很多场合,徽剧之演出亦必不可少。这些,都是历史上习故如常、相互联系的一些日常生活方式,如今则成了需要人们细心呵护和精心传承的非物质文化遗产。

徽州是个著名的商贾之乡,"人家十户九为商",在徽商如日中天的明清时代,大批财富源源不断地输回本土,促进了"小徽州"(徽州一府六县)区域社会的发展,使得当地成为精英文化与通俗文化并重、社会发展较为均衡的地区。于是,自明代中叶以来,徽州社会的聚落景观和社会风貌都有了重要的改观,特别是村落社会的发展,尤其引人注目。"祠堂社屋旧人家,竹树亭台水口遮。世阀门楣重变改,遥遥华胄每相夸。"徽派建筑讲究藏风聚气,枕山环水,其基本格局为粉墙黛瓦马头墙,屋中有四水归堂的天井——此种建筑格局之产生,与当地的地理环境、社会条件密切相关。

南宋歙县人祝穆(其曾祖祝确,是理学家朱熹之外祖父,而其本人亦曾受业于朱熹),在他所编的历史地理名著——《方舆胜览》一书中引述,当时的徽州人并"不事华屋"。只是到了明代中叶以后,随着徽商的崛起,大批的商业利润被持续不断地汇回徽州,才迅速改变了桑梓故里的聚落景观。于是,"入歙、休之境而遥望高墙白屋",就成为徽州村落的独特景观。清康熙五十七年(1718),侨寓扬州的程庭返归徽州展墓省亲,在随后所作的《春帆纪程》中,记下了他所看到的村落景观:"徽俗士夫巨室多处于乡,每一村落,聚族而居,不杂他姓。其间社则有屋,宗则有祠。……乡村如星列棋布,凡五里、十里,遥望粉墙矗矗,鸳瓦鳞鳞,棹楔峥嵘,鸱吻耸拔,宛如城郭,殊足观也。"徽派村落及其单体民居,留给世人的印象至深。迄今,街贯巷连、黛瓦粉墙的老房子,仍然给人以一种明快淡雅的美感。清人汪士铎曾指出,徽州"雕镂房舍,屋皆楼,聚族而居",屋中的各个局部,如门楼、厢房、窗檐以及梁柁柱座等皆有雕刻,砖雕、木雕和石雕随处可见。因此，徽派三雕成了人们发现美、探索美的对象。

此外，祠堂建筑亦颇具特色。作为一种不可移动的建筑、文物，迄今硕果尚存的祠堂，似应归入文化遗产的范畴。不过，倘若我们将重点放在传统文化的表现形式，如祠堂建筑工艺、仪式以及民俗等，则祠堂作为一种文化空间，又可归入非物质文化遗产的范畴。"开基造屋，选择日期，画墨结笋，竖柱上梁，剪鸡制煞，喝彩披红，明堂天井，滴水花檐，楼梯照壁，靠手栏杆，门枋石柱，磉不托梢，正梁献柱……"①这些纷繁复杂的建筑程序，每一道都凝聚着普通民众的智慧，反映了传统婺源人的匠心独运。

在传统的礼仪中，"交朋结友，客到茶来，行宾坐主，来参去辞"，在历史上，人们奉"文公家礼"为圭臬，"徽礼"已形成特殊的民间礼仪在长江中下游各地广为流行。与此同时，徽州人讲究待客之道，作为中国著名的茶乡，婺源的茶道显然亦颇值得探讨。

除了日常生活之外，与徽州的其他地方相似，历史上的婺源亦与外界保持着密切的联系。作为文人清玩，婺源歙砚便是此种交流与互动的一个重要例证。另外，作为一种非物质文化遗产，隐藏在物化形式背后的精湛技艺、独特的思维方式，以及"世业书香种砚田"的精神内涵等，尤其值得深入发掘。

当然，以上这些只是婺源非物质文化遗产中的荦荦大端。在历史上，婺源的传统文化灿若繁星，异彩纷呈，有不少都值得今人倍加珍视。例如，日本著名学者斯波义信教授曾指出，宋代婺源的五通庙市，很可能就与当地发达的木商贸易密切相关。及至明清时代，婺源

---

① 作者根据民间手抄本照录。笋，古同"榫"。——编者注

的木业更趋发达,众多的木商不仅在本土经营林场,而且还远至长江流域各地从事木业,形成了一整套术涉专门的木业文化,"木材理生,木客为先,看山拼树,提剔通山,先谈价目,后起契文,现银易讲,赊做看情,开工斫树,取料挖椿,割刀刳丈,斧头劈梢……"这些都反映了木业经营的商业规范及相关经验。最近数年发现的《木业便览》《西河木业纂要》等商业文书,生动地展示了婺源木商前往江西、湖南、湖北、贵州一带从事西木、苗木经营的实态。从中既可见到畴昔婺源人无远弗届的开拓进取,又可看出木材经营中巧悟天授的诸多技艺、规范与仪式。

明清以来,徽州的不少传统手工业极具特色,这些行当均形成了一整套口传心授的技艺,与此相配套的,还有一些独特的管理制度。有鉴于此,人们在研究有形的艺术品(如徽墨、歙砚)之外,还应当关注那些蕴含有传授技艺的社会制度。而这些,除了展开口述史调查之外,亦应关注民间尚存的各类商人文书。例如,在婺源境内,明清以来东北乡的从商风气极盛,虹关、岭脚一带更是徽墨名乡,这一带的徽州墨商极为著名。在过去的十数年里,我曾数度登临皖赣交界处的浙岭,于山川佳处驻足流连,亲手抚摩过"吴楚分源"的界碑;亦尝于浙岭的盘山公路上徘徊凝想——山下之民环绕成村,徽派建筑傍田依树,鳞鳞可数,岭脚一带的古村落之美,令人叹为观止! 在民间文献的调查中,我也不止一次发现婺源墨商的珍稀文献,亦曾多次走访过墨商旧宅,与墨庄后人以及昔日墨匠做过细致的交谈。情由景生,物从理悟,我想,透过对墨商村落的保护,通过对婺源墨业文书的细致研究,可以让世人清楚地看出徽州经营文化之精髓所在,这也有助于在徽州文化背景下凸显婺源的地方特色。2012 年 1 月,在最近一次的调查中,我听说自己先前采访过的一位墨匠已身染重疾。这让我深切感受到,随着老辈的凋零,芳华渐逝,人去艺亡,对非物质文化遗产的保护实在是刻不容缓的一件事情!

综上所述,婺源的非物质文化遗产仍然大有文章可做,目前涉及的还仅仅是个开端。该套丛书力图凸显徽州文化背景下的婺源特色,在具体内容上,除了对各类文化现象的描述之外,还将重点放在口传心授的民间传承上。在资料运用方面,除了征引历史文献外,还通过实地调查收集口碑资料,博采衢巷之语、市井之谣,对各类制作工艺和传统技艺有更多的揭示,藉以勾勒地方及传统的特色。参与编撰的作者,均是婺源学有专长的文化人,在地方文化研究方面大多著作颇丰,成就斐然。虽然每部著作皆独立撰述,文责自负,但笔者受婺源文广局之邀忝列主编,其间曾两度赴婺源当地与作者沟通、交流,亦审读了各部书稿,并提出个人的修改建议,这些,均得到文广局领导的大力支持和各位作者的热烈响应。虽然对于其中的一些观点和描述,我并不完全认同,但这些著作中所洋溢的乡土情怀以及透露出的才气和智慧,却让我颇为欣赏,亦觉受益良多。

本人从事徽州研究二十余年,一向视徽州为自己的"梦中故园"。特别是婺源,是我在学术研究中多所发现的一域热土。2001年发现的《詹庆良本日记》,真实地记录了1949年前后僻远山乡的社会生活,记录了新中国成立前后特定历史情境中民众的内心体验。透过该册日记我们看到,作为一个普通的山村少年,不经意间站在了历史和地理的边缘,以其鲜活的个人生命印证了历史的脉动和人生世态,提供了传统"历史"编年之外的民间记录。在我看来,这是了解婺源、徽州乃至传统中国下层民众日常生活情节的极佳史料。据此,笔者写成了《水岚村纪事:1949年》(生活·读书·新知三联书店,2005)一书,很快引起了学界内外的广泛关注。在此过程中,香港凤凰卫视、上海电视台、安徽电视台等先后都以此为线索拍摄了纪录片或电视片,主人公的命运遭际,据说曾感动过无数观众。2002年,在虹关詹庆德先生的帮助下,我意外发现《我之小史》抄稿本两种,这是目前发现的唯一的一部由徽商自身创作、反映商人阶层社会生活的小说。自传的作者为婺源庐坑人,出身于木商世家,他以生花妙笔自述家世,感物叹时。透过书中记叙的伦常日用、闲情逸事,我们得以窥见乡土中国的人事沧桑,近距离透视徽州乡绅的心曲隐微,细致了解商业经营中的浮云变幻,触摸晚清民国时代历史节律的脉动……类似于此的珍稀文献,在近十数年来民间文献的收集中,还有不少重要的收获。

作为一名学者,上述的发现让我对婺源这一"中国最美的乡村"心存感激。今值丛书出版前夕,遂将自己对婺源的感受写下,权且作为不一定成熟的序言,就教于婺源和徽州的同好。

二〇一二年四月初稿,十一月改定

婺源山水的灵韵和先人的智慧勤劳是不一般的。

建县于唐开元的婺源，作为古徽州一府六县的重要组成部分，一千多年来，以"十户之村不废诵读"的坚韧和"山间茅屋书声响，放下扁担考一场"的气度，从重重叠叠的大山，从曲曲折折的驿道，走出了500多位进士、2000多名仕宦乃至"一门九进士，六部四尚书"的辉煌，也走出了名震江南、富甲天下的徽商劲旅——婺商。

俊杰荟萃带来的文化繁盛是必然的。

走向天南地北的婺源先人，带回婺源大山中的，不只是功成名就的物质财富，还有涤荡心胸的文明之风——这来自中原、来自东南、来自西北的文化春风，与吴越之地的山野清风交相融汇，催开了一处文化的桃源。鳞次栉比、画栋雕梁的村落如雪梨花在碧水青山间次第绽放，犷野的傩舞、华美的徽剧在青石铺就的深巷中袅袅回荡。

今天的婺源人，接受了祖先丰厚的馈赠。

数字有时是枯燥的，有时却跃动着生命的丰满。听一组数字吧：面积2947平方公里、36万人口的婺源县，今天拥有徽剧、傩舞、三雕、歙砚制作技艺等国家级非物质文化遗产4项，省级非物质文化遗产11项。有清华彩虹桥、婺源宗祠、理坑村古民居等全国重点文物保护单位3处13项，中国历史文化名村4个，省级历史文化名村11个。婺源是继闽南之后文化部设立的第二个国家级文化生态保护实验区。

像爱护自己的生命一样,去呵护传承好先人的文化馈赠,是当代婺源人的责任,文化行政部门责无旁贷。基于这一使命感,婺源县文广局聘请对婺源文化饱含深挚感情并颇有研究的复旦大学王振忠教授担任主编,组织县内文化界人士,启动了婺源非物质文化遗产保护研究及成果汇编出版工作,首轮选取了婺源徽剧、三雕、歙砚、傩舞、灯彩、抬阁、豆腐架、茶艺、祠堂等九项非物质文化遗产作为研究课题。此次保护性研究工作,既展示了婺源文化拥有的浓厚徽文化背景,更凸显出地域文化个性特征;既注重史料的运用,又强调实地调查和口碑资料的采集;既重视资料的收集,更重视分析研究。其宗旨就是将各研究课题放在徽州文化乃至中华文化的大背景下,分析其源流、成因、发展演变,并为项目传承提供翔实资料。同时,基于加强非物质文化遗产知识普及宣传的需要,在研究成果汇编中,除了突出学术性,也兼顾了可读性,表述力求生动、通俗。

　　文化遗产是民族的宝贵记忆,是民族传承发展的根基。这套婺源非物质文化遗产研究成果汇编的出版,只是婺源传统文化保护、传承漫漫征途的一个驿站,前方的路很长,也一定很美。

目录

本篇作者简介

◎ **胡兆保**　曾用名灶保、戴先杰，1948 年出生，江西婺源人。1974 年开始文学创作并发表小说、散文、戏曲剧本及曲艺作品。1983 年始主要从事地方史料征集编研工作，主要著作有《婺源人》《婺源革命史话》《绿色明珠——婺源旅游概览》《婺源历史名人》《名人撷英》《朱熹与婺源》《婺源绿茶》（与人合作）等。

徽剧,旧名徽调,是一个古老的地方剧种,也是闻名全国的一个大剧种。徽剧剧目通俗易懂,声腔艺术雅俗共赏。徽剧传播地域广泛,不仅为京剧的形成奠定了基础,也为其他地方剧种提供了丰富的养料。婺源徽剧属皖南徽剧的一个流派,主要流行于皖南的歙县、祁门、绩溪、休宁、黟县、婺源和赣东北的浮梁、乐平、德兴、鄱阳及浙江开化等地。婺源徽剧的形成,与其所处的地理位置与人文环境有很大关系。

||◀一、婺源徽剧的形成与传播▶||

婺源地处皖浙赣三省交界处,古属新安郡、歙州、徽州府管辖,1934年从安徽划入江西,1947年8月又划回安徽,1949年5月再划隶江西。婺源民俗礼仪、建筑格调、风土人情都与徽州一脉相承,婺源文化是"徽州文化"的重要组成部分。历史上婺源处于徽州的最南端,北与安徽休宁县连接,东与浙江开化县毗邻,自西至南与饶州府的浮梁县(景德镇)、乐平县、德兴县接壤。东北部海拔千米以上的崇山峻岭纵横百里,贯通婺源的徽饶古驿道南北相连;西南面地势渐趋平缓开阔,婺水向南走乐安河经鄱阳湖入长江。千余年来,婺源的木材、茶叶等物产,外埠的粮食等许多商品,大多是走水路在饶州或经饶州进行贸易。徽饶之间从商业贸易、人员往来到文化交流,联系十分密切。同时,与婺源接壤的四周皆为戏曲繁盛之地,西部、西南部毗邻的浮梁、乐平一带,发端于明代的弋阳腔与饶河戏非常流行;南面的玉山、上饶,离弋阳腔的发源地不远,同时是信河调的流行地区;东面接壤浙江衢州、金华地区,为高腔、乱弹的流行区域;西北往祁门、石台就达徽剧发源地安庆。婺源特殊的地理位置,这周边广袤的观众市场,为婺源徽剧的形成提供了基础。婺源徽剧是明末清初在多方吸收周边流行的优秀戏曲艺术的基础上,逐渐丰富发展起来的。

婺源又是一个"八分半山一分田,半分水路和庄园"的山区,由于山多田少,农耕难以养活越来越多的人口,婺源先民不得不离开故土外出谋生。他们出外一是经商服贾,明清时期精明守信的婺源商帮,不仅传统的木业、茶业越做越大,而且还涉足粮食、典当、食盐、布匹、瓷器、制墨等行业,闯荡大江南北,成为徽州商帮中的一支劲旅。另外一条出路就是苦读书,靠科举考试进入官场改变命运,"山间茅屋书声响",耕读成了婺源民间的风尚,自宋至清婺源有500多人荣登进士,有2600多人成为朝廷命官,"一门九进士,六部四尚书"就是婺源名人辈出的写照。①

婺源商帮有较好的文化素养,对徽剧艺术有较高的欣赏水平,他们对家乡戏曲的热爱,客观上促进了婺源徽剧的形成和发展。明清时期,正是婺源商帮特别是木商茶商富甲一方的辉煌时期。他们经商致富后,除了在家乡建祠堂、修族谱、筑桥铺路等善举外,也慷慨解囊,资助家乡戏班的演出。家乡节庆庙会,商人都积极支持,提供经济支撑。婺源商帮在全国各地做生意,徽班也经常跟着他们跑码头,有许多侨居外地的木商,回乡时还把戏班一起带回老家。有

① 据《婺源县志》档案出版社出版,1993年;《婺源旅游文化丛书·名人撷英》中国文联出版社,2009年。

② 詹鸣铎:《我之小史》,安徽教育出版社2008年版。

些富商大贾还蓄优伶,建家班,自娱自乐。清末庐坑木商世家的詹鸣铎,自小对家乡的徽戏就有浓厚的兴趣,他撰写的自传《我之小史》,就多次提到他和戏班的不解之缘。幼时,"记得三月三戏,演《三官堂》《鱼藏剑》《柏花台》《翠花缘》《双合印》《满堂福》……母亲给我铜钱两文,教我上绿树祠去看《祭忠勇》"。

詹鸣铎在家读书时,母亲还教他唱《收白蛇》《状元祭塔》等曲子。一个木商的母亲能一板一眼教唱徽戏的曲谱,可见徽剧在婺源商人家庭中的普及程度和地位。詹鸣铎还清楚地记得那些有关家乡戏曲的陈年往事,说庐坑村的对面溪演戏,"戏班中金不换在内,徒弟好多须生,大家称为好戏。旦角则只小源好哩一人,善演苦戏,如《重台分别》,竟真下泪。另一花旦生病在把内,惟末夜演过一出《拾玉镯》,身段苗条,做功亦好"。后来,詹鸣铎的父亲命他去浙江练市木行管账,他的姻戚江峰青(湘岚)也在那里开德隆木行,他说该木行的"伙友詹文镜、詹汉成,皆与我熟识。汉成即小旦汉,有一照片,与灶祥合拍,系《四郎探母》戏装,他演公主,尚悬在房中"②。尽管还没有资料明确德隆木行是否蓄养戏班,但该木行的伙友詹汉成被家乡

婺源李坑、汪口、晓起、庆源、思溪、延村等地的商宅,多是清代兴建起来的

熟识的人称为"小旦汉",说明他不只是穿戏装照过相,他演的"小旦"在当地被人熟知, 显然经常演出且有一定知名度。詹鸣铎脑海中印象深刻的"善演苦戏"的"小源汉哩",很可能也就是这位"小旦汉"。江峰青是饱学宿儒,当时任嘉善知县,又开了几个木行,是亦官亦商的红顶商人,他显然有条件蓄优伶养戏班。也许这些推断尚缺少史料支撑,但商人蓄养戏班却是不争的事实。徽商蓄养戏班,往往还不惜成本聘请知名艺人,帮助演员提高演技。商帮的关爱和帮助,也积极推进了徽戏的发展。

从婺源走出去的那些文武官员,对于婺源徽剧的形成和传播也起过不小的作用。最早来婺源演出的徽班"庆生班",据传是清光绪军机大臣、武英殿大学士曹振镛蓄养的家班。婺源曹氏家谱记载,曹振镛祖籍系婺源晓鳙村人,世崇儒教,其祖曹泾曾在婺源石耳山创办"石耳书院",对家族子弟的培养教育十分重视。其父曹文埴,历任经筵讲官、户部尚书兼顺天府尹,家居歙县时就创办蓄养了"华廉科班"。后来曹振镛将"华廉科班"改为"庆升班"。该班平时也串村巡回演出,还曾到浙江、上海、江西等

大山环抱中的婺源晓鳙村

地演出,但曹府有庆典活动,必须赶回参与庆典演出。"庆升班"每到一地,戏台前都悬挂有"曹相府"字样的大灯笼,台中桌围上均绣有"曹府家班"的醒目大字。该班后来是徽州"京外四大徽班"之一,誉满一时。

前面介绍的德隆木行老板江峰青,后任江西省审判厅厅丞,他60寿诞时,徽班"新阳春"免费送了5天戏以示祝贺。江峰青不愿戏班经济受损,便暗示他们"跳加官",按习俗演这些节目是要给红包的。"新阳春"徽班于是粉墨登场"跳三出头",即"跳魁星"、"跳加官"、"跳财神",十分喜庆热闹。那些前来祝寿的官员、富绅大加喝彩,纷纷掏红包捧场,最后戏班收到的红包竟高于戏金。由此也可看出江峰青对徽班艺人的关爱。江峰青三子江眉仲曾任上海知县、国大代表,他对家乡徽戏也热心支持。他曾聘请教师,出资购办行头,并动员自己的亲戚子弟学戏。在他的支持下,当时县城的专业与业余的戏曲演出活动都非常兴盛,还造就了一批较有影响的演员。

婺源徽剧是众多徽班在婺源的演出交流中兼收并蓄逐渐发展形成的。相传嘉庆三年(1798),曹振镛回婺源晓鳙祭祖时,将其蓄养的家班"庆生班"带来婺源,还重金聘请艺人,为戏班添置了新服装道具。婺源本地这时也组建了不少徽班,并先后在周边地区巡回演出。光绪年间,婺源中云村王旺金组建了"洪福林徽昆班",演员以婺源人居多,有武小生汪灶喜、武旦寿喜等,王旺金为班主。该班除在婺源本地演出外,还经常沿着德兴九都、叶村、占才进入浙江开化、衢州、金华一带演出。后来"洪福林"班改为"马家班",由乐平人马万庆带班。该戏班除接收洪福林班的人马外,又吸收了二花吴老黑、三花袍、汪金水、汪仙保、余三金等演员参加,以唱徽戏为主。

徽剧《拾玉镯》

另外,婺源人宋月仙在婺东组建了梓坞班,班主宋月仙。该班以唱目连戏为主,对七本头目连戏很有根底,传授子弟很多,后"梓坞班"改为"仙舞台",由许仙岩带班,主要演员有花旦红、武旦宜、汪灶喜、休宁人二堂麻子、郑元徽、歙县人洪銮、绩溪人癞痢淦、大秋香、小秋香、耿金榜、朱金兰等。光绪末年,婺源太白王和福组建"王和福戏班",演员以婺源人居多,主要有武旦宜、和尚、仙开、细元、驼背进、罗石壁、

徽剧《水擒庞德》

矮松、桶匠旦、王老四等。

从清末至民国时期，经常在婺源一带演出的戏班还有"长春班"、"柯长春"、"二阳春"、"庆春和"、"凤春和"、"新庆升"、"新彩庆"、"筱舞台"、"新仙舞台"、"大舞台"、"万年春"等。婺源程家湾王明任为班主的"新阳春"、婺源龙山村程祥彬为班主的"新鸿春"、休宁王老虎为班主的"新长春"戏班一直延续到新中国建国前夕。

江西省戏曲研究所召开婺源徽剧源流研讨会

这些徽戏班社演出的剧目，早期以演七本头徽昆为主，如《水擒庞德》《八阵图》《三挡》《八达岭》《一箭仇》《黄鹤楼》《八盘》等。到清末民初，皮黄戏剧目才占有较大比重。婺源徽班有"先唱老石牌，后唱梆子腔"之说，说明婺源徽剧是从两个不同地方先后传入的。所谓"老石牌"，是指清代流行于安徽省安庆一带的石牌腔，因其早于梆子腔传入婺源，故称"老石牌"。曲调分为吹腔和拨子，拨子以海笛伴奏，故称"老拨子"。不久，传入婺源的石牌腔，又从饶河班中吸收了西皮二簧的曲调和剧目，逐渐形成一个别具特色的剧种。为区别于皖南的徽班，自称"婺源班"（婺源徽班）。婺源徽班最先不唱昆腔，只有吹腔、拨子、西皮和二黄。其唱腔较为古朴，只有正

板和流水板。早期的西皮、二簧，与饶河班大体相同。所谓"梆子腔"，乃是皖南徽班唱的吹腔，与石牌腔中的吹腔不尽相同。由于婺源徽班与皖南徽班的曲调和剧目不同，故形成了两个不同风格的徽班。

"四大徽班"进京后，皖南地区的老庆升、彩庆、同庆、阳春等徽班，经常在婺源演出。光绪年间，这路戏班在婺源县落脚，给婺源徽班增加了新的养分，梆子腔也逐渐融于徽戏中。这就是所谓的婺源徽班"后唱梆子腔"。

当时，婺源城乡还风靡演出目连戏。最早演目连戏的班社是"梓坞班"，班主宋月仙，早期全演目连戏，后来受徽班花腔乱弹影响，逐渐改为"夜唱目连，日演平台（徽戏）"。平台戏最初上演的剧

目多是昆腔(徽昆)戏,至清末民初才有板子腔(吹腔、拨子、四平、皮黄)。后来徽戏兴盛,目连戏日渐衰落,最后仅有婺北的平坦、婺西的虎溪两个戏班还演目连戏。

后期婺源的"许仙岩班",归乐平章焕清带班,改名"新仙舞台"。该班的石台人程桂生把梆子腔和京剧唱腔传入,使婺源徽剧唱腔起了很大变化。又因他们长期在浙赣交界的德兴、乐平一带演出,还吸收了信河、饶河班的部分传统剧目,徽剧声腔也渗入了饶河戏、信河调的韵味。"新仙舞台"班于1920年在婺源思溪解散。1921年,婺源太白王和福重起班社,主要演员仍以婺源人居多,但后期引进了不少江苏南京、高邮,浙江遂安等地的演员,这时除演出徽戏剧目,并移植浙江戏和京班剧目,演出风格也随之变化。

徽班在婺源地区的传播情况简表

名称	演出年代	主要演员	演出地区	备注
老庆升	清乾隆至民国二十六年	二花五八、武生私发全、老生叶东兴、三花叶东贵、花旦大发达、正旦小发达、大花歪头、三花小毛	老徽州六县(歙县、黟县、祁门、休宁、绩溪、婺源),北京、上海、浙江等地	与"阳春"、"同庆"、"彩庆"号称京外四大徽班
彩庆	乾隆至道光年间	大花歪头、正旦大道士、小旦小道士、小秋香、正生耿金榜、大秋香、武生徐日光、小生全水、须生程四保	老徽州六县	号称京外四大徽班之一,班主文歙县人沉余姓
同庆	乾隆至道光年间	除接收老庆升戏班演员外,新增二花三孝、大旺菜	老徽州六县	号称京外四大徽班之一
大阳春	乾隆至道光年间	多数演员从老庆生转入	老徽州六县	
长春班	同治至光绪年间	大花豆腐顺、须生耿金榜、二花三孝、三花三旺	老徽州六县	

（续表）

名称	演出年代	主要演员	演出地区	备注
洪福林	光绪至民国初年	演员婺源人居多,武生汪灶喜、武旦寿喜、文场程夥卢	老徽州六县、景德镇、乐平、德兴、玉山、上饶、浙江开化、金华	班主为婺源中云村人王旺金
马家班	光绪末年至民国初	除接收洪福林戏班演员外,新增二花吴老黑、三花袍、汪金水、汪仙保、余三金等	婺源、乐平,后又从徽州转入浙江淳安一带	班主为乐平人马万庆
梓坞班	光绪至民国初	子弟以演唱目连戏、徽昆戏为主	老徽州六县	班主为婺源人宋月仙
王和福	光绪末年至民国初	演员婺源人居多,有武旦宜、和尚、仙开、细元、驼背进、罗石壁、矮松、桶匠旦		
柯长春	宣统元年至民国二十五年	著名演员有婺源人余三金、余银顺、林庆松等	老徽州六县	为徽州较晚解散的徽班
庆春和	民国初年至十六年	不详	老徽州六县	
凤春和	民国初年至十六年	不详	老徽州六县	
新庆升	民国初年至十六年	不详	老徽州六县	
新彩庆	民国初年至十六年	林庆松、癫痫进、金桃、余日升、方老二、花旦张满武、三花		

（续表）

名称	演出年代	主要演员	演出地区	备注
筱舞台	民国初年至十六年	不详	老徽州六县	
新仙舞台	民国初年至十六年	小秋香、道士蒲、徐水桃	婺源、德兴、乐平、鄱阳、景德镇及浙江开化一带	班主为乐平人章汉清,前身为仙舞台
二阳春	民国初年至二十五年	不详	老徽州六县	
新鸿春	民国初年至二十五年	演员多为婺源人,正旦发连、正生灶顺、武旦宜、武小生有标	婺源、休宁、乐平、德兴、浙江淳安一带	班主为婺源龙山人程祥彬
仙舞台	民国初年至二十六年	花旦红、武旦宜、汪灶喜、大秋香、耿金榜、朱金兰、烂脚欣、程桂新	婺源、休宁、歙县、德兴、乐平、鄱阳、开化、金华、景德镇	班主许仙岩,前身为梓坞班
大舞台	民国初年至二十六年	不详	老徽州六县	前身为筱舞台
万年春	民国二十六年	不详	老徽州六县	前身为大舞台
新阳春	民国初年至二十六年	武小生汉尚	婺源、乐平、景德镇、休宁一带	班主为婺源程家湾人王明任
新长春	民国二十年至解放前夕	主要演员有三寿、三花、玉堂麻子、王桂子、王周岐	老徽州六县	班主为休宁人王老虎

王汝春饰演的徽剧丑角
戏《金德山拿虎》

20世纪30年代,婺源仅有几个半职业的徽剧戏班,他们唱传统徽戏,也唱京剧、梆子、饶河戏,逐渐走向衰落。到了抗日战争后期,婺源农村经济衰落,加上当时国民党抓丁、封箱,戏班无法生存,都先后解散,徽班艺人除少数演傀儡戏或教串堂班,大都改行务农或从事其他职业了。

专业戏班解散后,继而代之的是各地兴起的业余剧团。抗日战争胜利后,婺源庆源、裔官、凤山、沱川、清华、思口、洪村、湖村、坑头都纷纷恢复和新建了业余剧团。庆源、凤山、沱川很早就有戏班,前面介绍的庐坑木商詹鸣铎,小时就在这些地方看过戏。业余剧团一般

在春节等节庆期间演出,除在本村演出外,也到邻近的村庄演出,只吃饭不收钱,很受群众欢迎。串堂班也是一种民间活动形式,婺源许多村庄都有。一般七八人至十多人不等,只唱不演,早期多唱昆曲,后来也唱老徽戏,曾遗留下大批剧本。婺源志书中曾有乡村戏班情况的记载,如康熙四十二年婺源县浙源乡嘉福里十二都庆源村,正月十六"接祁门章姓乐师教鼓吹,写定谢金十三两,共学粗乐、细乐、十香、昆腔十五套(每套八钱,外总加一两)"。鼓吹即唢呐,学昆腔及粗细乐,显然是庆源的串堂班。浙源庐坑木商詹鸣铎的《我的小史》中,也有"旦角则只小源汉哩一人,善演苦戏,如《重台分别》,竟真下泪"的记载,小源就是庆源,与庐坑毗邻,庆源等地的徽班、串堂班在婺源是小有名气的。但是在新中国成立前夕,婺源各地的徽剧戏班包括串堂班都先后销声匿迹。

直到1956年,婺源县委、县政府决定成立国营体制的县徽剧团。经过抢救、挖掘、整理,婺源徽剧重获新生。1958年,新成立的县徽剧团以传统徽剧《水淹七军》《金德山拿虎》《扈家庄》《百花赠剑》参加江西省戏曲会演,1959年

又以传统徽剧《汾河湾》参加古老剧种赴京汇报演出,均受到专家、学者的重视和好评。

1964年,全国戏曲改革,婺源徽剧团也顺应时代潮流尝试用老剧种演现代戏。在继续上演徽剧传统戏的同时,也排练演出了当时全国戏曲现代戏会演推出的一些优秀剧目,如《芦荡火种》《红嫂》《洪湖赤卫队》《红岩》《红灯记》等。还排练了《丰收之后》《夺印》《信江波》《三月三》等各地涌现出的现代戏。同时,剧团也积极创作排练了反映地方现实生活的《茶乡战歌》(后改为《茶乡春色》)、《果园一课》《闹店进山》(夏翰编剧)等徽剧现代戏,并以《茶乡春色》一剧参加了当年举行的江西省农村文化工作队文艺调演。

这一时期是婺源徽剧团深入基层时间最多、传播范围更广泛的兴旺时期。1964年前后,剧团开始分三个演出队上山下乡巡回演出。当时各演出队都自带炊具,自带被褥,自己烧菜做饭,住在戏台祠堂队屋,还参加生产队劳动体验生活,为五保户困难户担水做好事。那几年每年下乡演出都在10个月以上,还经常一天演两三场,下午一场,晚上两场。观众看戏的需求也很迫切,在

《金玉奴》剧照

1964年创作演出的大型现代徽剧《茶乡春色》,为古老的地方剧种增添了新的活力

2006 年婺源县徽剧团成立 50 周年庆典晚会,著名徽剧演员俞根英演唱《汾河湾》

一些边远地区,还发生了几个村庄抢戏箱、抢演员,争夺谁先演戏的状况。

60 年代初徽剧学校培养的学员也崭露头角,且行当齐全,青春焕发,他们不但排演了《铁弓缘》《大英杰烈》《红鬃烈马》《白蛇传》《金玉奴》《穆柯寨》等大型徽剧传统剧目,《白水滩》《二进宫》《过昭关》《百花赠剑》《借靴》《拾玉镯》《斩包勉》《吊金龟》《三娘教子》等各个行当的徽剧折子戏,还排练上演了《党的儿女》《山乡风云》《红色娘子军》《朝阳沟》《前沿人家》《小保管上任》《掩护》《审椅子》《送肥记》《两块六》《盗种》等现代戏。

这一时期可以说是婺源徽剧发展史上的鼎盛时期。剧团成立后陆续培养的徽剧新生一代,已成为各个行当包括文武场各岗位的骨干力量,不少演员经数年磨炼和舞台实践,基本功更趋扎实,表演更趋成熟,各类拔尖人才脱颖而出。彻底改变了建团初期缺乏女旦角、演员年纪偏大等所谓"豆腐咬不动"的窘境,婺源徽剧舞台开始呈现出朝气蓬勃、欣欣向荣的新气象。

建团初期,徽剧团还组织专门力量对徽剧艺术进行挖掘整理,挖掘出传统剧目 491 出,其中不少优秀折子戏作为保留剧目,常演不衰。他们还对徽剧唱腔进行全面的整理,并分门别类,把徽剧昆腔、板式结构的高拨子、西皮、二簧等经典唱腔,翻译成简谱本,刻印成册。1960 年徽剧学校学员学习徽剧唱腔,就是按这厚厚的一册《婺源徽剧唱腔》油印本,传承学唱的。老艺人汪新丁长期

2006 年婺源县徽剧团成立 50 周年庆典晚会

在正宗徽班演出,其唱腔蕴含着鲜明的婺源特色,《北河祭旗》《扈家庄》《三哭殿》中的西皮唱腔,《斩经堂》《淤泥河》《汾河湾》中的高拨子唱段,《龙虎斗》中的老二簧唱段,《三娘教子》《吊金龟》中的正二簧,《重台分别》《玉堂春》中的反二簧唱段,多是汪新丁口授教唱,再由专人记录整理。昆腔、吹腔则由老琴师陈攀华口授教唱,当时经常演出的《昭君和番》《断桥》《赠剑》等昆腔戏,《奇双会》《乌龙院》《斩貂蝉》等吹腔戏,多出自陈攀华之门。

1964 年现代戏兴起,京剧、赣剧、豫剧都出现了许多优秀剧目,移植其他剧种的优秀现代戏成为徽剧,音乐设计是关键。当时的业务团长程培能亲自进行音乐设计,现代戏《夺印》《朝阳沟》《小

保管上任》《红管家》《姑嫂渡》《信江波》等其他剧种演红的剧目,都是由程培能移植成徽剧。新创作的现代徽剧《茶乡春色》(洪启标编剧)、《果园一课》(谭新民编剧)也是程培能音乐设计。《茶乡春色》的导演也是程培能,他还在戏中饰演支书的角色。这一时期有齐福昌、洪祀标、夏翰、王季桂在剧团任过编剧,王欣印任舞台美术设计。建团初期演出传统剧目,也开始从一桌两椅向舞台布景过渡,一些大戏也有了宫殿、府衙、窗棂、屏风等硬景,后来也有了幻灯投影,把山水风光等景色画在玻璃上,投射在天幕上。

但在"文革"时期,婺源徽剧被定为"封资修",遭到严重破坏。剧团撤销,人员下放或改行,徽剧资料、服装道具销

徽剧《长城砺剑》

《江西戏剧》1983
年第二期封面，现代
徽剧《长城砺剑》詹天
佑饰演者江裕民，第二
批国家级非物质文化
遗产徽剧项目传承人

毁殆尽。1969 年成立"毛泽东思想文艺宣传队"，招收队员 30 余名，与上饶地区歌舞团下放婺源的部分演员一起，演出歌舞、话剧，配合政治宣传演出。1973 年吸纳了上饶市杂技团 11 名演员，组成杂技小分队。1974 年"文宣队"改为"京剧团"，陆续调回下放或改行的部分徽剧演员，排演了《红灯记》《沙家浜》《龙江颂》《智取威虎山》《杜鹃山》《平原作战》《蝶恋花》《苗岭风雷》《磐石湾》等大型京剧现代戏。1977 年创作了现代话剧《严峻的时刻》，参加上饶地区戏剧调演。这时剧团以上演京剧现代戏为主，也演出话剧、歌舞、杂技。

1980 年，恢复婺源徽剧团，徽剧老演员归队，婺源徽剧再次获得新生。同年开办省文艺学校婺源徽剧班，招收培养了 12 名徽剧新生力量。陆续恢复排练徽剧传统剧目，并以徽剧传统折子戏《水淹七军》《百花赠剑》《扈家庄》参加了当年举办的全省古老剧种汇报演出，受到观众的欢迎和专家的肯定，《江西日报》《南昌晚报》纷纷报道，得到了"古剧名花竞芬芳"等热情赞誉。省广播电台还对《扈家庄》全剧进行录音播放。

1983 年，创作演出了新编历史徽剧《长城砺剑》(王季桂编剧、宁华音乐设计)，该剧以著名铁路工程专家詹天佑建造中国第一条铁路——京张铁路的事迹为题材，用徽剧艺术手段塑造了一个近代科学家的舞台形象。徽剧唱腔在继承传统塑造人物上有所创新，舞台美

情景徽剧《老家》参加纪念改革开放 30 周年上饶市现实题材优秀戏剧展演获好评

术设计也融入了徽文化和时代的元素，使徽剧舞台为之一新。《长城砺剑》参加全省创作剧目汇报演出，获"优秀演出奖"和"剧本创作奖"。剧团演职人员从 52 人增至 77 人，配有专业创作队伍，婺源徽剧舞台又显现出新的繁荣气象。

1984 年，徽剧团进行体制改革，演职人员调整变动，一批徽剧老演员甚至中青演员离开了剧团，人员减至 43 人，编剧、导演、音乐设计、舞美设计人员也都先后调离了岗位。剧团只能演部分传统徽剧折子戏，有时还要外聘已调出的老演员、文武场人员参加演出。1998 年，上饶地区举行文艺会演，亦聘请原剧团人员创作了徽剧小戏《风雨路上》（胡兆保编剧、江湘傲音乐设计）参加会演，获

创作二等奖、音乐设计一等奖、演出奖。此后，剧团招收了一批青年舞蹈演员，既演徽剧折子戏或片段，如《断桥》《扈家庄》《百花赠剑》《活捉三郎》《哑女告状》，也演歌舞、傩舞、民歌。2008 年，创作情景徽剧《老家》（胡兆保编剧、音乐设计、导演）参加上饶市戏剧调演，获一等奖，这种融徽剧与歌舞于一体的表现形式亦受到专家的认可。

2006 年，婺源徽剧列入"首批国家级非物质文化遗产"名录。2008 年，江裕民、江湘傲被列为"国家级非物质文化遗产项目代表性传承人"。婺源县徽剧团作为婺源徽剧的传承基地，已开始对婺源徽剧的优秀传统剧目进行排演、录音、录像，着力进行保护与传承工作。

❯❯ 二、雅俗共赏的徽剧艺术 ❮❮

徽剧,亦称徽戏。但旧式的徽戏仅指一种声腔,徽剧的含义包括青阳腔、徽戏、徽昆和花腔小调几大部分,以徽戏和青阳腔为主。明末清初,乱弹声腔传入安徽一带,与地方声腔及民间音乐结合,逐渐融合奠定了徽剧的基础。徽班不仅吸取明末清初四大声腔(余姚腔、海盐腔、弋阳腔、昆山腔)剧种的优秀戏曲艺术,形成自己特色,而且伴随徽商的足迹走南闯北,把徽戏的艺术带往祖国的四面八方。"四大徽班"进京后,在皖南的老庆升、彩云、同庆、大阳春班,被称为"京外四大徽班"。乾隆时期,这些徽班先后在婺源搭班演出。嘉庆三年,随着庆升班来婺源演出之后,曾有20多个徽剧班社陆陆续续在婺源一带演出,婺源当地也组建了众多土生土长的徽班。在婺源地域形成的徽剧,多属"石牌"流派,以弋阳腔、老石牌(即老吹腔、高拨子)为底子,吸收了目连戏的高腔、下江调,并结合了江西地方戏曲饶河戏的弹腔及婺源民间小调,逐渐融合发展并成为有自己特色的地方剧种。婺源徽剧能够得到社会承认并产生

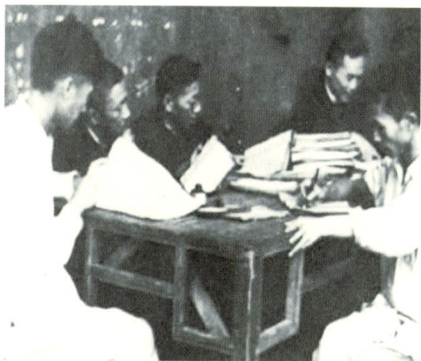

建团初期,婺源徽剧团组织专人挖掘整理传统剧本

影响,就因为其具有独特性,剧目、声腔、表演艺术丰富多彩,风格朴实,乡土气息浓郁。

婺源徽剧的独特性在剧目上的表现是,内容丰富,雅俗共赏。婺源徽班所演的剧目极为丰富,据说有1000多出,"文革"后尚存300多出。一些保留剧目,是观众以自己的思想情感、道德观念进行审美选择的结果。

为了保存资料,现将婺源县徽剧团收集的传统剧本剧目简列如下:

《贺后骂殿》　《百花亭》　　《赏荷》　　　《三司会审》
《广太庄》　　《新献四川》　《采莲》　　　《荐诸葛》
《岳家庄》　　《狮子楼》　　《惊变》　　　《花园放子》
《双别窑》　　《阴阳河》　　《金德山拿虎》《端午门》
《斩太后》　　《磨石腐》　　《斩李广》　　《三击掌》
《风云会》　　《活捉三郎》　《五鼠闹东京》《岳传》
《龙虎斗》　　《取南郡》　　《彩楼配》　　《辕门斩子》
《阳平关》　　《西天取经》　《永乐观灯》　《翠屏山》
《收张奎》　　《反北关》　　《宝莲灯》　　《刺汤》
《二度梅》　　《九龙山》　　《东平府》　　《三气周瑜》
《九件衣》　　《白水滩》　　《打銮驾》　　《四盘山》
《药王卷》　　《金沙滩》　　《百凉楼》　　《祭塔》
《火烧绵山》　《莲花庵》　　《白牡丹》　　《卖胭脂》
《白鹿图》　　《捉金钱豹》　《回营》　　　《四郎探母》
《华容道》　　《新安驿》　　《骂曹》　　　《数马》
《黄花国》　　《李陵碑》　　《青石岭》　　《乌龙院》
《惨观》　　　《空城计》　　《西川图》　　《下河东》
《扫秦》　　　《月明楼》　　《二度梅》　　《群臣宴》
《坠马》　　　《夺秋魁》　　《鲁肃求计》　《烈火旗》
《回魂带》　　《打棍出箱》　《恶虎村》　　《三哭殿》
《逍遥津》　　《龙谭寺》　　《麻姑献寿》　《反八卦》
《双书忠》　　《戏迷传》　　《五子夺魁》　《埋玉》
《黄鹤楼》　　《齐天乐》　　《珠帘寨》　　《新上坟》
《追江》　　　《大财神》　　《祭江》　　　《扫松下书》
《柴桑口》　　《大四喜》　　《大补缸》　　《梁山伯访友》
《拾玉镯》　　《水淹七军》　《赐袍赐马》　《白蛇传》
《药王传》　　《大长春》　　《三搜府》　　《收姜维》
《深思报》　　《铁笼山》　　《跪池梳妆》　《追江》
《状元谱》　　《劝农》　　　《过二关》　　《穆柯寨》

《打登州》　　《铡美案》　　《双尽忠》　　《长生乐》
《九龙杯》　　《辞朝》　　　《钓金龟》　　《临江令》
《招贤纳士》　《一捧雪》　　《樊城》　　　《装疯》
《血溅鸳鸯楼》《四海升平》　《红桃山》　　《双带箭》
《白雪山》　　《白门楼》　　《观画》　　　《牧羊曲》
《奇双会》　　《七星灯》　　《大保国》　　《挡马》
《断机教子》　《甘露寺》　　《定军山》　　《北河祭旗》
《目连救子》　《打渔杀家》　《红鬃烈马》　《扈家庄》
《八仙过海》　《渭水河》　　《赵家楼》　　《蝴蝶杯》
《古城会》　　《访鼠测字》　《闹花灯》　　《快活林》
《闻铃》　　　《踢花球》　　《封赠》　　　《金玉奴》
《清河桥》　　《八达岭》　　《打窑》　　　《绣花女》
《思凡》　　　《斩青龙》　　《伏虎》　　　《宏碧缘》
《昭君和番》　《关公训子》　《三国志》　　《打金枝》
《取荥阳》　　《大赐福》　　《珍珠旗》　　《金水桥》
《千里驹》　　《二进宫》　　《磨房相会》　《双下山》
《牛头山》　　《百忍图》　　《花果山》　　《四进士》
《雄黄阵》　　《下幽州》　　《罗通扫北》　《红楼夜审》
《七擒孟获》　《夜奔》　　　《失金钗》　　《借靴》
《定情赐盒》　《天门阵》　　《沙陀国》　　《汾河湾》
《伐中原》　　《芦花荡》　　《盗令出关》　《白马坡》
《探阴山》　　《跑城》　　　《藏舟》　　　《四杰村》
《碰碑》　　　《破洪州》　　《乌盆记》　　《神亭岭》
《宫门挂玉带》《白虎堂》　　《蓝桥汲水》　《满春园》
《小放牛》　　《正德戏凤》　《十八扯》　　《出猎回书》
《文昭关》　　《小寡妇上坟》《盗金刀》　　《凤冠梦》
《卧龙访友》　《阴花报》　　《金雁桥》　　《王宝钏》

自清光绪元年至光绪末年，徽班剧目多以徽昆戏为主，如《七擒孟获》《八阵图》《三挡》《八达岭》《一箭仇》《黄鹤楼》《八盘》等。有的徽班也演梆子戏，如《汴梁图》《阴阳界》《九件衣》《三疑记》《新安驿》《红梅阁》《碧游宫》《杀狗劝妻》等。到清末民初，皮黄戏剧本占有较大比重，如《海潮珠》《文昭关》《张良辞朝》《捉放曹》《荐诸葛》《天水关》《青石岭》等。

从剧本内容上看，徽戏剧目有的出自《三国演义》《水浒传》《西游记》等观众熟悉的古典小说，有的取材于历朝历代的逸闻趣事、野趣杂谈，有的反映民情风俗和市民心态。婺源是朱熹故里，儒家道德规范着人们的言行，因此反映忠义节气的三国戏、隋唐戏、杨家将故事的剧目，在徽戏中占有很大的比例，如关羽的红生戏就有《北河祭旗》《水淹七军》《古城会》《关公训子》《水擒》《斩颜良》《战长沙》《单刀赴会》等。

《汾河湾》是经常演出的隋唐折子戏，长期以来为徽剧观众所喜闻乐见。剧情基本依据《征东全传》第四十一回。主要情节是：唐初名将薛仁贵投军后，妻子柳迎春生子薛丁山。丁山长大后因家贫而每日打雁养亲。一日，薛仁贵富贵还乡，行至汾河湾，正好遇到丁山打雁，由于丁山箭法精熟而引起仁贵的赞叹。这时，突有猛虎窜至，仁贵怕虎伤人，急发袖箭，不料误伤丁山。仁贵遂仓皇逃去，到寒窑和柳迎春相会，历述别后情景。忽然仁贵发现床下男鞋而疑迎春不贞，经柳说明为子所穿，即欲见子，始知方才误伤致命的就是己子丁山，夫妻悲伤不已，哭着奔向了汾河湾。该剧是一出吹腔和高拨子合用的生旦戏，抒情时唱吹腔，激昂时唱拨子，唱、做都很见功夫。婺源徽剧团初成立即排演该剧，当时分管业务的副团长崔月楼饰演薛仁贵，他极见功力的表演深为人所称道。1959年，《汾河湾》曾代表婺源徽剧随江西省古老剧种汇报团赴京演出。

《百花赠剑》亦是徽剧经常演出并受观众欢迎的保留剧目。剧情是：安西王谋反，朝廷派海俊打入王府，充当间谍。安西王不察，重用海俊。王府总管叭喇怀疑海俊，设计灌醉，扶入公主帐中，意欲借公主之手除去海俊，岂料侍女江花佑实乃海俊之妹，失散多年，偶然相逢，遂加掩护。公主见海俊年少英俊，顿生爱意，竟赠剑许以终身。其后公主助父举兵，但因海俊为朝廷间谍，兵败，公主自刎而亡。该剧是平昆吹腔戏，充分

平昆吹腔戏《百花赠剑》

表现了徽剧的特色。

徽戏的剧目丰富多彩，兼容并蓄。徐珂撰的《清稗类钞》说："徽戏情节，凡所注重者在历史，而惜非真历史也。"徽班艺人根据广大观众的欣赏习惯和审美心理，不断调整剧目的演出。他们吸取历朝历代的逸闻传说、野趣杂谈，编演了《玉堂春》《四进士》《法门寺》等剧。许多剧目是不同剧种之间交流、借鉴、移植的成果。他们也从市民风俗生活中获得创作灵感，将一些普通群众十分喜爱的"时尚小令"编成反映民意风俗和市民心态的戏，如《一匹布》《张三借靴》；表现社会政治斗争的剧目《昭君和番》《清风亭》；还有充满浪漫主义色彩的《花果山》《安天会》等。"新仙舞台"徽班经常在赣东北一带演出，也吸收了当地观众喜爱的信河、饶河戏剧目《碧桃花》《珍珠塔》《万全会》等。民间小调的剧目较少，仅有《卖草墩》《种麦》《补缸》《闹花灯》《蓝桥会》等民间生活小戏。

《张三借靴》是一出丑角戏，通过秀才张三向财主刘二借靴以及刘二"祭靴"、"找靴"、"背靴"等情节，塑造了一个令人难以置信的吝啬鬼的故事，情节荒诞，语言夸张，唱腔通俗易懂。剧中张三满口"之乎者也"，但连赴宴要穿的一双像样的靴子都没有，于是硬着头皮向村中的土财主刘二求借。刘二听说要借他的新靴子，竟然"吓得我战战兢兢如醉如痴"。经过张三的反复乞求，刘二终于同意借靴了，但借出之前还要举行祭祀——"祭靴"，把靴放在案上，焚香作揖，命借靴人三跪九拜、念祭文、发咒誓。张三不耐烦了，从香案上拿起靴子就走，刘二又拖住张三啰嗦了半天。

张三：(唱)今日借去，明日送来——
刘二：(唱)借去就借去，送来就送来，若有差池，我岂能轻轻地饶过了你。

没想因祭靴拖了时间，张三赶到宴请的地方，宴会早散了，一气之下，靴子也不打算还了。那边的财主可急了，茶饭不思，"鼻子尖了，耳朵焦了，眼睛也发黄了"，于是连夜带着仆人打灯笼找靴。最后，终于找到了张三并夺回了靴子，但自己的鞋子却被张三扒去了，尽管脚上没有鞋子，而那双新靴子他竟然舍不得穿，宁可跪在地上爬，穿在脚上的靴子却不能沾地。边爬还边问仆人：这只靴子脏了没有？那只靴子脏了没有？仆人望着主人远去，暗自摇头笑道：这世上还有如此蠢人……

婺源商宅香案两侧的三国戏雕刻

徽班为什么会出现《张三借靴》这样的剧目？戏里的刘二与徽商一掷千金造福桑梓的"善行"和"义举"相比，确有天壤之别。但是像刘二这样爱财如命的，徽州也不乏其人，徽商在借本经营时也许曾遭遇过这样的财主。其实，节俭也是值得推崇的徽商精神之一，有些资财雄厚的徽商仍然保持着俭啬的生活习惯。徽剧《张三借靴》显然是作者对徽州生活的有感而发，观众对这种无情的嘲讽自然心领神会。

徽戏剧目通俗易懂，雅俗共赏，"戏"的成分多，戏剧冲突激烈，生活气息浓。现代戏剧家欧阳予情充分肯定了徽戏特点，说二簧戏所以盛行，它本身的优点起着决定的作用。二簧戏结构比昆戏简练，词句少、动作多，容易提起观众的精神，且词句通俗，观众听得懂，看得明白。

如二簧戏《金水桥》：

太师：(唱)秦英说话太不慎，

　　　金水桥上欺老臣。

　　　老夫上殿奏一本，

　　　管叫你红颈挂午门。

　　　张太师被秦英打死后，

　　　张妃闻讯悲声痛哭。

张妃：(唱)听罢言来心悲愤，

　　　秦英打死奴父亲。

　　　哭声爹爹死得惨，爹爹呀！

　　　女儿为你把冤伸。

又如老二簧《龙虎斗》中,净——赵匡胤的一段唱使用大唢呐伴奏,声调激昂,词句却通俗易懂:

> 净:(唱)探马不住飞来报,
> 罗家山庄发来兵。
> 悔不该错斩了贤弟,
> 陶三春带人马反上朝廷。
> 多亏得高御亲来保驾,
> 孤城楼上斩黄袍才得收兵。

又如徽剧传统剧目《齐王点马》。该剧原名《四国齐》,讲述战国时,吴起会同十一国攻打齐国,齐国满朝文武官员无人敢迎敌。后来,老臣晏平仲上策,请齐景公亲自到钟府,俯求被幽居七载并暗中学就通身武艺的娘娘钟无盐发兵。钟无盐不计私怨,挺身而出,战退敌兵。《齐王点马》以丑角扮演齐景公,通过"诓君""请兵""点马""饯行"诸情节,表现了钟无盐不计私人恩怨,以身许国的高尚节操。故事简单洗练,语言诙谐生动。如"点马"一场:

> 齐景公:(唱)将身转过后院门,
> 来在教场看分明。
> 耳边厢又听得人喧马啸,
> 一一从头看得清。
> (转数板)头一队,粉红马,
> 红旗号,

> 红旗不住在空中飘。
> 三寸金莲踏金镫,
> 金踏镫,银踏镫,
> 踏镫踏镫一么弄咚。
> 第二队,青鬃马,青旗号,
> 青旗不住在空中飘。
> 一个一个踏金镫,
> 金踏镫,银踏镫,
> 踏镫踏镫一么弄咚。
> 第三队,白龙马,
> 白旗不住在空中飘。
> 一个一个踏金镫,
> 金踏镫,银踏镫,
> 踏镫踏镫一么弄咚。
> (白)这么多骡子!

> 众:马!

> 齐景公:啊,马哦!待孤王来数他个连环马!
> (唱)一二三,三二一,
> 一二三四五,
> 五四三二一(数到十为止,先慢后快)
> 还是一个一,
> 一一一一一,
> 孤王数也数不清!
> (白)晏爱卿快来!
> (晏平仲上)

晏平仲:何事?

齐景公:你看到没有?孤的梓童头戴金盔,身穿铠甲,骑着一匹桃花马,好不威风!

晏仲平:主公的威风也不小。

齐景公:孤王有什么威风?

晏仲平:(风趣地学晏求钟无盐出兵)孤王这里给你跪下了……

齐景公:不要取笑了。酒可曾齐备?

晏仲平:早已齐备。

齐景公:随孤王迎接国母去也。哈哈哈!

徽剧《金水桥》

唱词念白都非常通俗,戏味也浓,形象地凸显了人物性格,观众看得懂,听得明白。

徽戏的独特性还表现在武功技艺上。武技主要包括把子功、形体功和毯子功等基本功。舞台上凡用刀枪剑戟等古代兵器进行对打或舞蹈的程式,称为"把子功"。把子功分为大刀枪、双刀枪、单刀枪、双枪、十八棍等。武戏中的形体功有"起霸"、"走边"、"趟马"等程式,一般用来渲染战斗气氛、展示英武人物的精神风貌。毯子功是徽剧演员各行当均需掌握的表演技艺,泛指演员掌握和运用翻、腾、扑、跌各项技艺(即跟斗)的基本功夫,因演出时各种跟斗翻跳不能超越舞台台毯的范围,练习时也都是在毯子上进行,故称毯子功。包括单小翻、单前扑、单提、单漫子、单蹼子、单云里翻等跟斗;下桌、过桌、上桌等桌子(台子)功;抢背、吊毛、前后僵尸、前桥、后桥、虎跳等软毯子功。旧时徽班艺人继承了安徽旌阳一带目连戏艺人的技艺,擅长翻台子、跳圈、窜火、飞叉、滚灯等特技,功夫以高、轻、稳著称。仙舞台徽班擅长武戏的"武旦宜",翻打扑跌,耍枪弄剑,无一不会,演《泗州城》时,能连续翻30多个"乌龙搅柱"。武小生汪灶喜能从八

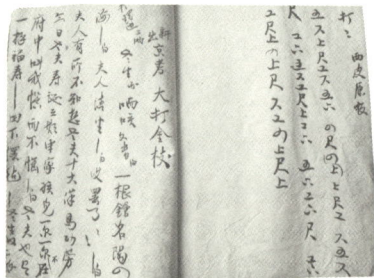

徽剧剧目《打金枝》手抄本

以演猴戏著称的徽剧老演员董礼和参
加建团 50 周年演出

张桌子垒起的高台空翻而下,继又打几十个"旋子"。这些高超的武技,令观众赞叹不已。新中国成立后婺源县徽剧团成立初期,崔月楼演出《大闹天宫》的孙悟空,把子功、毯子功等技艺娴熟,当时 40 多岁仍能稳健地翻腾空跟斗。

徽剧表演艺术的特点是,武技高超、风格朴实。徽剧艺人十分注重对人物形象的刻画、塑造,注重对剧中人物的内心世界进行情感体验,高度重视表演的动作性,并通过这些具有写意性的动作,以十分简练的态势和神情表现出来,传达内涵丰富的意蕴。如《水淹七军》,关羽率兵攻取樊城,曹操遣于禁、庞德救援。庞德预制棺木,誓与关羽死战。于禁嫉庞之功,移七军转屯城北罾口川;关羽乘襄江水涨,放水淹七军,生擒于禁、庞德。剧中关羽和周仓在战前观《春秋》一场戏,演员表演时做出各种观书的动作,表现出两人不同的心理状态和性格。《太平桥》中石敬思拔剑自刎,以剑不拔身体不倒的姿态,表现出人物性格的刚烈勇猛。动作性最强的是武戏,武技高超是徽班艺人具有的传统本领,这些高超的武艺技巧在徽戏中延续下来并不断丰富发展,形成了徽戏剽悍粗犷的风格。徽戏讲究身段、亮相的造型,让人产生一种雕塑形态的美感。

◀ 三、婺源徽剧的传统唱段 ▶

　　徽剧的独特性在声腔上的表现是，曲调"高、昆、乱"俱全，腔类繁多。徽剧是一个多声腔的古老剧种，它曲调丰富，其中有曲牌体高腔、昆曲；有属板腔体吹腔、拨子、西皮、二簧；还有兼两种体制而有之的昆弋腔，以及杂曲小调等。徽昆的唱腔曲牌较苏昆粗犷强烈，以演武戏为主，多用大小唢呐伴奏，配以大锣大鼓，气势宏伟。吹腔以笛和小唢呐为主要伴奏乐器。拨子以枣木梆击节，初用弹拨乐器伴奏，与吹腔结合后改用唢呐、笛和徽胡。二簧除老二簧用唢呐伴奏外，其他都以徽胡为主，分男女宫，有导板、原板、回龙、哭板、散板、流水等板式。西皮也以徽胡为主要伴奏乐器，有文、武导板、散板、摇板、二六（亦称慢垛子）、流水（亦称紧垛子）、原板、叠板、哭板等板式，分男女宫，有西皮、反西皮两类。花腔小调多为民间俗曲俚歌，生活气息较浓。伴奏乐器多以徽胡、笛、唢呐为主。徽胡又称科胡，木杆，琴筒内直径为二指，用短弓弓法，配以

揉、滑等指法，有独特风味。

　　婺源徽剧属"石牌"流派，是徽剧的一支流派。以弋阳腔、老石牌（即老吹腔、高拨子）为底子，吸收了目连戏、下江调，并结合了赣东北地方戏曲饶河戏的弹腔及民间小调，自成体系。"文革"前，婺源徽剧团挖掘整理的491个剧本中，属于高腔的201个，属于吹、拨、皮、簧的290个，属于昆曲、皮簧混唱的17个，属于花腔小调的26个，属于梆子腔的8个。属于曲牌类的唱腔220个，其中场面伴奏用曲牌92个。吹腔、拨子在二簧声腔形成前后，曾一度为婺源徽班演唱的主调，有一批数量可观的传统唱段和剧目。高腔剧目保留不多，且久已废唱，曲牌残缺不全。长期以来，婺源徽剧声腔一直以吹腔、拨子、二簧、西皮为主。

　　婺源徽剧声腔有曲牌体、板腔体、板式变化体等三类唱腔结构体制。其中曲牌体声腔有高腔、徽昆、徽戏三个主要部分。

高腔部分 徽剧高腔又有三种类型,一是目连腔——婺源早期上演的目连戏,用次大锣、大鼓伴奏,无管弦乐,除滚唱外,句尾均用人声帮腔,观众称之为"目连腔"。此类高腔比较古老,尚保持弋阳腔"其节以鼓,其调喧"的特点和较完整的曲牌体制。如目连戏青阳腔铁旦唱段:

浪 淘 沙

(青阳腔)

6 ‹6 | 3 ‹1 | 1‹6 6‹5 | 56 535 | 32 1 | 15 ‹6 | 6‹1 653 | 5 6·1 |
身 居 普 陀 崖 紫 竹 林 间,

(帮)
6163 530 | 5 6‹6 | 3 ‹1 | 5 6‹6 | 1635 3 | 3653 2 | ‹2 ‹1 | ‹6 32 | 1 |
鹩 哥 飞 上 白 莲 台, 南 海

‹6 32 | 1 | 3‹6 553 | 5‹3 35 | ‹1 6‹1 | 561 6‹1 | 3·5 | ‹6 6‹1 | 3 ‹1 |
水 涌 无(哇) 休 息 南 无 引 上 蓬 莱 引 上 蓬

(帮……)
‹3 2 | 2 ‹1 |
莱。

徽剧《水淹七军》中的"观春秋"

一是岳西高腔——为明末青阳腔流传到安徽岳西而形成。用小锣、小鼓伴奏,个别曲牌用唢呐或笛伴奏、人声帮腔。岳西高腔较目连戏高腔典雅,并保留弋阳腔的一些痕迹,清末日渐衰落。如《捧盒》中的老生唱段:

一 枝 花

(青阳腔)

$$\frac{5}{3}\ 3\ |\ 6\ 1\ |\ 5\ 3\ 5\ |\ \frac{5}{3}\ 5\ 5\ 3\ |\ 5\ 6\ |\ 6\cdot5\ |\ 3\ 1\ 1\ |\ 6\ 5\ 3\ 2\ 3\ 5\ 2\ 3\ |\ \overset{3}{2}\ 1\ 3\ 5\ 2\ |$$

专听后 宫 差, 三千粉 黛 名书册,

$$2\ \frac{1\ 2\ 2}{1\ 1}\ |\ 6\ \frac{2}{4}\ 6\ |\ 2\ 1\ 6\ 1\ 6\ |\ 6\ 6\ |\ 1\ 1\ |\ 3\ 5\ 3\ 2\ 3\ 5\ 3\ 2\ |\ 1\ 1\ 1\ 2\ 1\ |\ 6\cdot1\ 2\ 3\ 1\ 2\ |$$

八百 娇 娥笑 颜 开, 三宫六 院 深似海阔苑赛 蓬莱。

$$2\ \overset{3}{5}\ 3\ 3\ |\ 2\ 3\ 2\ 1\ 2\ 3\ 2\ 2\ |\ 2\ \overset{3}{5}\ |\ 3\ 5\ 3\ 1\ |\ 1\ -\ |\ 1\cdot5\ |\ \overset{6\ 5\ 3}{5}\ -\ |$$

每日里 伴驾 随朝, 怎 敢 出 凤 城 门

$$5\ 6\ |\ 6\cdot5\ |\ 3\ -\ \|$$

外。

一是徽州高腔——后期的徽州高腔又称四平腔,用笛伴奏,部分已取消人声帮腔,用小锣、小鼓配合动作。这类高腔不再使用曲牌名称,仅在曲首标注"高平调"、"京弦调"或"高腔"等统而称之。如这首徽州高腔就称"京弦调":

徽州高腔 京弦调
《审乌盆》丑唱

$$0\ 2\ 2\ |\ 3\ 3\ |\ 3\ 1\ |\ 2\ |\ 3\ 3\ |\ 3\ 1\ |\ 3\cdot2\ 3\ 5\ |\ 2\ |\ 咚\ |\ 0\ |\ 次打次\ |\ 才个来才\ |\ 次打来\ |$$

我把 树枝 摇 摆 树枝摇 摆, 啊吔!

$$才\ |\ 才\ |\ 各\ |\ 6\ 6\ 5\ |\ 6\ 5\ |\ 6\ 5\ |\ x\ x\ x\ x\ |\ 3\ 3\ 6\ |\ 6\ 5\ |\ 3\ 5\ 2\ 3\ |\ x\ x\ |\ x\ |\ x\ x\ |\ x\ x\ |$$

他那里 砖头 瓦片 劈里啪啦打将 下 来, 我如 今 打从 前街

$$x\ x\ |\ 0\ 5\ 3\ 2\ |\ 1\ 1\ 2\ |\ 3\ 5\ 3\ 2\ |\ 1\ 1\ 2\ |\ 3\cdot2\ 3\ 5\ 2\ (才\ |\ 才\ |\ 才\ |\ 以来\ |\ 才\ |\ 0\ |\ 以打\ |\ 打打打\ |\ 才)$$

去了罢转 过了 前街后 街转过了 前 街后街。

$$3\cdot2\ 1\ 2\ |\ 3\cdot2\ 3\ 5\ |\ 2\ |\ 2\ 3\ 2\ 1\ |\ 6\ 1\ 6\ 5\ |\ 6\ 6\ 1\ 6\ 1\ |\ 3\ 3\ 6\ |\ 5\cdot6\ 5\ |\ 3\ 5\ 2\ \overset{5\ 5}{3}\ \|$$

走来 到 走来到 城隍庙 外。

徽昆戏《昭君和番》

    徽昆部分　又称草昆，演唱昆腔有严格的曲牌体制。婺源早期的昆腔戏，常用大、小唢呐伴奏，夹以大锣大鼓，气氛热烈而喧闹，与苏昆迥然相异。部分剧目是从苏昆直接搬来的，如《惊变》《小宴》等，这些剧目的声腔、锣鼓，与苏昆没有太大差别。

    如《八阵图》中的徽昆唱段：

醉 太 平

(徽昆)

长刀 大 弓　坐拥 江 东，　车如 流水 马如

龙。　看 江山 已在 望 中，　一 团　箫管 看风 送个 群

旗旌 祥云 捧苏 台，高处 锦重 重，　管 今宵 宿上

宫

《奇双会》剧照

徽戏部分 包括吹腔、四平调、拨子、二簧、西皮等板腔体唱腔。婺源徽戏的声腔是以弋阳腔为底子，不断吸收各种外来优秀戏曲艺术逐步发展成熟起来的。徽州腔显著的特点是，在曲词中增加大量的滚唱，连唱带诵，节奏鲜明。后来又融合昆曲的因素，形成四平腔，而后演变成昆弋腔。昆弋腔在伴奏上取消了锣鼓和人声帮腔，改用笛子或唢呐伴奏，使曲调更加优美、华丽和细腻，很适合载歌载舞的场面。吹腔委婉柔和，加上青阳腔、二簧、徽剧西皮及花腔小调等，使徽剧声腔成为表现力丰富、别具特色的完整体系。

吹腔——伴奏以笛子、海笛、大唢呐为主，多定正宫调，有「正板」、「蹬脚板」、「哭板」、「散板」、「叠板」等。其中「正板」有男、女腔之分，其中小生唱女腔，老旦唱男腔。男腔粗犷激越，女腔婉转抒情。如「吹腔正板」中的老生唱段：

（吹腔正板）

```
0  535 | 51 653 | 52 (32 | 12 612 | 2 ) 2 | 2 3 2 | 1·6 i | 0 5 6 | 5 22 |
   郓  城    县              打  罢 了 退      堂   鼓衔前

2 17 | 6·(5 | 35 356)1 | 6 i | 61 65 | 3·53 | 6 5 — ‖
 来 了        我 末 公   明。
```

该男腔「正板」节奏一板一眼，上下句皆眼起板落，没有拖腔。旋律欢快、抒情、优美，多用于叙述事件、描述景物或表达内心优雅、娴静等情感。传统折子戏《奇双会》及现代徽剧小戏《姑嫂渡》《插秧》皆属吹腔戏。

又如「吹腔正板」花旦唱段：

(女宫吹腔正板)

四平调——早期用笛子伴奏，后改为徽胡，有正板、散板、叠板等几种简单板式。善于表现欢快、抒情的情感。其中原板的男女腔略有区别。常与二簧合用于同一剧目，故又称二簧平或小二簧。如男腔四平调正板，《乌龙院》老生唱：

拨子——又称高拨子,曲调高亢,可表现激越、悲怆、凄凉等情怀,有导板、回龙、原板、叠板、摇板等板式。伴奏乐器以笛子、海笛、大唢呐为主,配弹拨乐,后改用徽胡主奏,以梆击板,常与吹腔合用于同一剧目。拨子有低韵、高韵两种,如《淤泥河》小生的唱段"小罗成在城内红灯垂下",是低韵拨子导板、回龙转原板;《告御状》中老生的唱段"杨延昭跪金殿两泪交流",则是高韵拨子导板、回龙叠板转原板。传统高拨子戏有《汾河湾》《斩经堂》等。如《汾河湾》中薛仁贵唱的高拨子摇板:

(6 5 5̲1̲ 6̲1̲ 5̲6̲ 5̲3̲ 2̲1̲ 2̲3̲ 5 5) 1̇ 1̇ ‑ 1̇ 6̲5̇ 1̇ 6̲5̇ 5 6̲5̇ 6̲1̇ 5 ‑ (6̲1̲ 5̲6̲ 5̲3̲ 2̲1̲ 2̲3̲ 5 5)
　　　　　　　　　　　　　适才　离了　唐营　地,

1̇ 1̇ 3̲5̲ 5̲3̲ 5̇ 6̲5̇ 6 ‑ (7̲6̲ 5̲6̲ 7̲2̲ 6̇ 6) 1̇ 1̇ 6̲5̇ 3̲5̲ 2̇ᵛ2 5̇ ‑ 1̇ 2̇ 1̇ ·5 6̲5̇ 6 5̇
不觉来到　汾河　边。　　　　　　　勒住马头　　来观　看,

6 6 ·5̲ 3̲ 5̇ ·(6 5 5̲1̲ 6̲1̲ 5̲6̲ 5̲3̲ 2̲1̲ 2̲3̲ 5 5) 1̇ 1̇ 3̲5̲ 3̲5̲ 6̲5̇ 6 (7̲6̲ 5̲6̲ 7̲2̲ 6̇ 6) 1̇ 1̇ 6̲5̇
　　　　　　　　见一顽　童奇　能。　　　　　　　　弹打南

5̲3̲ 1̇ 6̲5̇ 6̲5̲ 6̲1̇ 5 (6̲1̲ 5̲6̲ 5̲3̲ 2̲1̲ 2̲3̲ 5 5) 1̇ 1̇ 3̲5̲ 3̲5̲ 5̲6̲5̇ 6 ‑ (7̲6̲ 5̲6̲ 7̲2̲ 6̇ 6)
来　张口　雁,　　　　　　　　　枪挑鱼儿　水上　翻。

1̇ 1̇ 6̲5̇ 3̲5̲ 2̇ ‑ 2 5̇ ‑ 1̲2̲ 1̲2̲ 1̇ 1̇ 6 ·1̇ ‑ ·(6 5 5̲1̲ 6̲1̲ 5̲6̲ 5̲3̲ 2̲1̲ 2̲3̲ 5 5) 1 1
我且下了　　白龙　马,　　　　　　　　　　　　　　再与

3̲5̲ 5̲3̲ ‑ 3 5 5̲3̲ 2 3̲2̲ 1̇ 1̇ ‑ ‖
顽童　把话言。

又如《斩经堂》王桂英的高拨子导板、回龙转原板唱段：

　　二簧——有老二簧、正二簧、反二簧之分。老二簧
又称唢呐二簧,曲调粗犷、朴实,伴奏皆用大锣大鼓配
以海笛或大唢呐,并以枣木梆压板。正二簧曲调端庄凝
重,早期用双笛伴奏,后改为徽胡京胡。反二簧则适合
表现悲哀、凄恻之情。三种二簧都有导板、回龙、原板、
散板、摇板等板式。如男宫老二簧原板唱段:

　　　　　　　　　　　　　　　《文昭关》伍员唱:

(下略)

徽剧剧本、曲谱等资料

又如《重台分别》陈杏元的女宫唱段：

(反二簧原板)

(06 | 5·3 235 | 1·3 2161 | 531 2) | 235 61 | 2·3 | 2·1 612) | 61 25 |
　　　　　　　　　　　　　　　　　　　　陈杏 元　　　　　　　　在案 前

3 3 | 6·1 2535 | 1·(2 | 1·6 561 | 03 2161 | 5·6 1561 | 531 216 | 6·5 63 |
　　　　　　　　　　　　　　　　　　　　　　　　　　　　　　　　　　哀哀

035 0163 | 5·(3 3235) ‖ 5532 123 | 02 53 | 1·2 123 | 0 531 | 2·0 | 113 261 |
告　寏，　　尊一声　圣母娘细听　详　情，　我爹 爹
　　　　　　　细思　想　一家人好不　伤 情，　哎不 尽

0i 65 | 65 653 | 035 6163 ‖ 5·(3 235) | 332 12 | 1·0 | 35 6 | 767 2 |
陈东初 为 官 清　正　珠泪
哀 情苦 珠 泪　　　　　　　　　　　　　难 忍

7276 5 | 67 65 | 67 65 | 6765 6765 | 6·0 | 7 56 | 7·2765 661 | 35 356 50 |
　　　　　　　　　　　　　　　　哎 l 梅郎 夫　啊……

该反二簧原板为胡琴伴奏。

西皮——是徽剧诸声腔中最完整的一套板式结构,有文武导板、回龙、散板、摇板、二六(慢垛子)、流水、叠板、哭板等,音节能紧能慢,或喜、或悲、或爱、或恨、或庄、或谐都可适用。有男、女腔之分。如《北河祭旗》中关羽的男宫唱段:

(西皮导板、原板)

(导板)（$\overset{6}{\underline{1}}\underline{1}$ $\underline{11}$……$\dot{6}$ $\underline{65}$ 5 ┃ $\overset{5}{\underline{3}}\underline{3}$ $\underline{33}$……$\overset{\dot{3}}{\underline{2}}\underline{2}$ $\underline{22}$ …… $6\cdot\dot{1}$ ┃ $\overset{6}{\underline{1}}\underline{1}\underline{1}\underline{1}$）

1 553……155 $\underline{321}$ 61 $12\cdot03$ 6 $\underline{6535}$ $6\dot{1}5$……（03｜$3\dot{1}$ 635｜01 $\underline{112}$｜

有关某 坐北河 用目 观看， (原板)

$\underline{3\cdot6}$ $\underline{5653}$｜$\underline{2123}$ $\underline{561}$｜06 $\underline{5632}$｜$\underline{1\cdot2}$ $\underline{621}$）｜1 1 0｜$\underline{3\cdot5}$ $\underline{656\dot{1}}$｜$5\cdot$（6｜

$\underline{5\cdot3}$ $\underline{235}$）｜$\underline{35}$ $\underline{6\dot{1}5}$｜0 $\underline{3\cdot1}$｜$2\cdot\underline{35}$ $\underline{1}$｜（2｜$\underline{5\underset{.}{6}}$ $\underline{5\dot{6}1}$｜06 $\underline{112}$｜

金丝 鲤鱼

$\underline{3\cdot6}$ $\underline{5653}$｜$\underline{2123}$ $\underline{561}$｜06 $\underline{5632}$｜$\underline{1\cdot2}$ $\underline{621}$）｜15 53｜$5\cdot1$ $\underline{535}$｜$2\cdot$（3｜

浪 里 翻， 为不平 才 把

$\underline{2\cdot1}$ $\underline{612}$）｜$\underline{1\cdot2}$ $\underline{535}$｜$2\cdot$（3｜$\underline{2\cdot1}$ $\underline{612}$｜0 $\underline{112}$｜$\underline{3\cdot6}$ $\underline{5653}$｜$\underline{2123}$ $\underline{561}$｜

熊虎斩，

06 $\underline{5632}$｜$\underline{1\cdot2}$ $\underline{621}$）｜11 0｜$\underline{3\cdot5}$ $6\dot{1}$｜$5\cdot$（6｜$\underline{5\cdot3}$ $\underline{235}$）｜$\underline{3\cdot5}$ $\underline{6\dot{1}5}$

解良 县衙 杀

0 $\underline{532}$｜$1\cdot$ 0｜

赃官。 (下略)

还有兼曲牌与板腔两种体制而有之的昆弋腔。昆弋腔伴奏乐器多用笛子,偶尔用唢呐。可唱长短句的曲牌,也可唱七字句和十字句的唱词,有较大的灵活性。既保留了不完整的曲牌体制,又逐渐形成吹腔雏形,是徽剧声腔由联曲体向板腔体的过渡阶段。如昆弋腔《山伯访友》花旦、小丑唱段:

0 535 | 061 6532 | 352(05 | 3532 1561 | 2) | 1·2 35 | 23 1 | 62 26 | 5·3
(旦)尤尤 声 声,   未 知 何 人

5·3 212 | 053) | 1 65 | 02 32 | 10 | 6 65 | 35 | 031 | 2·1 6·1
            到 来 临。 打开 珠帘 来观 看, 原

20 | 3 35 | 32 1 | 20 | 6·5 | 6·5 | 60 | 665 | 35 | 35 | 32 21
来 是 一个 小书 生。 请 请 请, 请受 奴奴 一礼 把话

2 23 | 6 1 | 1 | 12 3 | 2 2(3 | 35 61 | 2) | 55 | 065 | 3 65 | 035
问问你 哪州 哪府 哪县 人(呃)   来 到 我

6 16 | 53 235 | 06 | 053 | 53 23 | 02 32 | 1 - | 6 76 | 05 1 | 20
家?   呀 所为 何 因?(丑)听说 原 因

11 | 063 | 5 12 6 | 12 | 3 2·(3 | 35 61 | 2) | 55 | 065 | 3 65
告诉 原因, 特此 前来访 故人,   问呃 一声祝

0 3 5 | 61 16 | 5·3 235 | 06 | 053 | 5·3 23 | 02 32 | 16 | 1
相公   呀 住 哪 村?

排练徽剧《王宝钏》

早期徽剧的民间小调十分丰富，且具有浓郁的乡土气息，但留存下来的民间小调戏仅有《卖草墩》《种麦》《补缸》《闹花灯》《蓝桥会》等，小调唱段不多。

下面是《闹花灯》的小调唱段：

1 16 | 5 - | 6·1 553 | 2 - | 53 5 | 23 21 | 6 1216 | 5 - | 1 16 | 5 5 |
紧打 鼓 忙 筛锣，你这个 秧 歌 我猜 着，月亮 团团

661 53 | 2 - | 553 5 | 23 21 | 66 16 | 5 - | 5·6 1 | 2 35 | 2·1 6121 | 6 - |
团 上 天，荷叶 团团 团在水 边， 西瓜 团团 街 上 卖，

553 5 | 23 21 | 66 16 | 5 23 | 1·2 33 | 2·3 1 | 66 116 | 5 - ‖
镜子 团团 遮在面 前，你看镜 子 团 团 遮在面 前。

41

下面是民间小戏《卖草墩》的小调：

《卖草墩》小调中显露出赣剧南词的余音。

梆子——即梆子腔,多用于文戏,旦角使用较多,板式有导板、原板、摇板、快板、散板、流水,没有回龙。梆子戏数目不多,传统梆子戏有《九件衣》《蝴蝶杯》《汴梁图》等。如《蝴蝶杯》中的小生唱段:

(梆子原板)

$(5\dot{1}\ 5\dot{1}\ |\ 6532\ 1\ |\ 5\dot{1}\ 6532\ |\ 1\cdot 2\ 1\ |\ 21\ \dot{1}2\dot{6}\dot{1}\ |\ 5636\ 5\ |\ 356\dot{1}\ 6543\ |\ 2361\ 223\ |$

$43\ 23\ |\ 5\dot{1}\ 65\ |\ 21\ 6535\ |\ \dot{1}\cdot 0)\ \dot{2}\dot{1}\ \dot{2}\dot{3}\ |\ \dot{2}\dot{1}\dot{6}\ 5\ |\ 5\dot{3}\dot{1}\ \dot{1}276\ |\ 5^{\vee}\ \dot{1}\cdot 2\ |\ \dot{3}\dot{2}\ \dot{2}\dot{3}\ |$

谯楼上　　传来　了　初　更　鼓

$\dot{2}\dot{5}\dot{3}\dot{3}\ \dot{1}\ |\frac{1}{4}(\dot{1}2\ |\dot{1}\dot{6}\ |56\ |\dot{1}\dot{6}\ |\dot{1}\ |\dot{1}\cdot \dot{6}\ |5\dot{1}\ |65\ |21\ |23\ |53\ |65\ |32\ |12\ |果\ \dot{1}\cdot\dot{1}\ \dot{1}\dot{6})\ |$

响,

$\dot{2}\dot{1}\ \dot{2}\dot{3}\ |\ \dot{2}\dot{1}\dot{6}\ 5\ |\ 5\dot{3}\dot{1}\ \dot{1}276\ |\ 5^{\vee}\ \dot{1}\cdot 2\ |\ \dot{3}\dot{2}\ \dot{2}\dot{2}\ |\ 6276\ 5\ |\frac{1}{4}\ |5\cdot 5\ |36\ |5\ |5\ |\dot{1}\cdot \dot{1}\ |36\ |$

为不平　　救良　民　奔　走外　方。

$53\ |5\ |\dot{1}\cdot\dot{6}\ |5\dot{1}\ |21\ |23\ |53\ |65\ |32\ |12\ |\frac{2}{4}\dot{1}\cdot\dot{1}\ \dot{1}\dot{6})\ |\ \dot{2}\dot{1}\ \dot{2}\dot{3}\ |\ \dot{2}\dot{1}\dot{6}\ 5\ |\ 5\dot{3}\dot{1}\ \dot{1}276\ |$

多亏了　　渔家　女

$5^{\vee}\ \dot{1}\cdot 2\ |\ \dot{3}\dot{2}\ \dot{2}\dot{3}\ |\dot{2}\dot{5}\dot{3}\dot{3}\ \dot{1}\ |\frac{1}{4}(\dot{1}2\ |\dot{1}\dot{6}\ |56\ |\dot{1}\dot{6}\ |\dot{1}\ |\dot{1}\cdot\dot{6}\ |5\dot{1}\ |65\ |21\ |23\ |53\ |65\ |32\ |$

机智有　胆,

$12\ |\frac{2}{4}\dot{1}\cdot\dot{1}\ \dot{1}\dot{6})\ |\ \dot{2}\dot{1}\ \dot{2}\dot{3}\ |\ \dot{2}\dot{1}\dot{6}\ 5\ |\ 5\dot{3}\dot{1}\ \dot{1}276\ |\ 5^{\vee}\ \dot{1}\cdot 2\ |\ \dot{3}\dot{2}\ \dot{2}\dot{2}\ |\ 6276\ 5\ |$

从虎口　　救下　我　羊　未　遭　殃。……

四、婆源徽剧的文武场

婆源徽剧的乐队及使用的器乐,统称"文武场"。文场以胡琴为主奏乐器,伴以弹拨弦乐、吹奏乐器,主要有徽胡、京胡、二胡、海笛、大小唢呐、月琴、琵琶、三弦等。武场乐器主要有板鼓、大锣、小锣、大钹、小钹、堂鼓、梆子等。从徽戏中乐器的使用,也可以看出其兼收并蓄的特性。婆源最早上演的目连戏,以大锣、大鼓伴奏,无管弦,除滚唱外,句尾均用人声帮腔,观众称之为"目连腔"。这类高腔比较古老,尚保持弋阳腔"击节以鼓,其调喧"的特点。后岳西高腔,多用小锣、小鼓,个别曲牌也用唢呐或笛伴奏,也有人声帮腔,但稍近典雅。后期的徽州高腔(四平腔),用笛子伴奏,部分已取消人声帮腔,用小锣、小鼓配合动作。高腔的伴奏乐曲还有神鼓(大堂鼓)、马锣(丁音)、云锣等。

徽剧武场的锣鼓经(锣鼓点子)也有自己的特色,常用的锣鼓经有:帽子头、凤点头、水底鱼、急急风、冲头、长锤、快连锤、三锤、五锤、九锤半、连锤、插锤、拗锤、乱锤、收锤、扭丝、一支香、披手、起小霸、走马、马腿、叫头、扑灯蛾、四击头、归位、夺头等。

武场锣鼓一般分为三类:一是闹台锣鼓,俗称"打闹台",用于演出前召集观众,早期徽班闹台开始时,还必先吹"先锋"。闹台锣鼓通常由以下锣鼓经组合:堂鼓起「急急风」→「四击头」→「快长锤」→「四击头」,转板鼓打「冲头」→「加官」,换堂鼓打「九锤半」→「阴锣」→「马腿」→「阴锣」→「四击头」,换板鼓打「冲头」→「水底鱼」→「夺头」→「收锤」。二是伴奏锣鼓,主要用于唱、念和帮腔的伴奏,唱腔和唱段前作为板式节奏的引导,如导板前用「导板头」,原板或慢板前用「夺头」,摇板、流水板前用「凤点头」等。另在念白时伴以锣鼓,如「扑灯蛾」、「叫头」等。三是动作锣鼓,又称身段锣鼓,主要配合武打和各种舞蹈程式的表演,如用于缓慢上场动作的「慢长锤」,用于武戏人物亮相的「四击头」,用于打败仗狼狈逃跑时的「乱锤」,用于急促出场的「水底鱼」,用于对打场面的「马腿」等。

婺源徽剧乐队演奏现场

常用的动作锣鼓经主要有,
「急急风」:

八 | 仓才 | 仓才 | 仓仓 | 仓仓 | 仓才. |
仓 |

该锣鼓主要用于渲染急促、激烈、紧张的情绪和气氛,配合人物的上下场及战斗、厮打、赶路等程式表演,速度比一般锣鼓点子要快。锣鼓经中的"八",表示双楗同时击打板鼓;"仓",表示大锣独奏,或与小锣、钹齐奏;"才",表示钹独奏。第四、五小节可根据演员动作时间酌情反复。西皮戏《扈家庄》中,林冲与扈三娘同时上场对打的场面就用

婺源徽剧团建团初期新培养的武场小学员

「急急风」锣鼓,烘托紧张、激烈的剧情。

「四击头」:

大 | 仓才 | 仓仓才 | 仓 0 |

该锣鼓主要配合舞台人物亮相时使用,节奏根据动作的快慢而定。锣鼓经中的"大",表示右手重击板鼓。徽剧武戏中许多人物的亮相,经常使用该锣鼓点子配合动作。

「水底鱼」:

大 | 仓才 | 仓次才乙令 | 仓次才衣 |
仓.个来才 | 衣台仓 |

该锣鼓主要配合人物匆匆上场或动作急促跑圆场时使用,速度根据表演的节奏而定,第三小节可酌情反复。锣鼓经中的"次",表示小钹独奏;"台",表示小锣独奏;"令",表示小锣轻奏。西皮戏《白水滩》中,"青面虎"就用该锣鼓点子急促上场,然后开打。

常用的起唱锣鼓经主要有:

「夺头」:

弄咚 | 大大大大 | 仓.个来才 | 乙台
仓 | 次大才 | 仓 0 |

该锣鼓主要用于原板的起唱,中速节奏。锣鼓经中的"弄咚",表示右手单楗重打两下板鼓,再接其他锣鼓;"乙",表示休止。皮黄戏《追鱼》中,真假包公

徽剧《窦尔敦》

对唱西皮原板前就使用「夺头」导引。

「导板头」:

大仓.嘟 才台仓—仓—台 |

该锣鼓用于各种板腔导板的起唱,西皮、二簧、拨子的导板皆用该锣鼓点子做导引。"嘟",表示左右楗快速轮奏。

「拗锤」:

大大大大 | 乙大乙 | 仓乙才乙 | 仓乙才
乙台 | 仓.个来才乙台 | 仓 |

该锣鼓主要用于流水板、摇板的起唱，中速演奏。因徽戏中流水、摇板使用广泛，故「拗锤」也用得多。锣鼓经中的"个"，表示休止。

「连锤」：

八拉｜仓来才｜仓来才来乙来｜仓来才｜仓来才来｜仓｜

该锣鼓用于散板的起唱，中速演奏。皮黄戏《十五贯》中，况钟审娄阿鼠时演唱的西皮散板，就用该锣鼓点子导引。锣鼓经中的"八拉"，表示左右先后击打板鼓。

「一支香」：

大｜大大｜仓才｜仓才｜仓｜仓｜仓｜仓｜仓才｜衣台｜仓｜

该锣鼓用于快板的起唱，节奏稍快。西皮戏《白虎堂》中，杨宗保触犯军令，杨六郎见面时气急之下演唱的西皮快板，就用该锣鼓做导引。

「帽子头」：

大大只｜仓才大｜才仓次大来才·大｜仓｜

该锣鼓用于导板之后回龙的起唱，中速演奏。高拨子戏《淤泥河》中，罗成唱完导板，就用该锣鼓进行转折，接唱回龙。锣鼓经中的"只"，表示双槌轻点鼓心。

还有「反插锤」、「哭头」、「叫头」、「扑灯蛾」等用途各异的锣鼓点子，如：

「哭头」：

（哭介）｜顷仓｜（哭介）｜仓－｜仓－｜仓仓｜仓才｜仓－｜（哭介）

该锣鼓在哭板中使用。《滚鼓山》中，张飞听说二哥丧命时唱的一段拨子中，就用了「哭头」。锣鼓经中的"顷"，表示大锣轻奏。

「反插锤」：

果大果大果｜台个来台乙来台｜乙大来台｜

该锣鼓用于某些昆腔的起唱。《百花赠剑》中，江花佑在公主房中唱的"登脚板"，就用该锣鼓点导引。锣鼓经中的"果"，表示折板单打节奏。

「叫头」:

大八顷·仓台台台台·嘟仓仓才仓|

"驸马爷啊"

该锣鼓伴随愤怒、悲哀等情绪的呼号时使用,速度稍慢。拨子戏《斩经堂》中,王桂英恳求丈夫吴汉免她一死时悲泣地叫着"驸马爷啊",就用这「叫头」锣鼓。

「扑灯蛾」:

咚八乙台|*仓·个令台*|*才台乙台*|

仓·个令台|*才台乙台*|*顷仓*|

该锣鼓伴随着喜悦、激动等情绪的念白时演奏,第二、三小节可根据表演需要进行反复,中速节奏。《十五贯》中,娄阿鼠偷走十五贯钱,在寺庙求神时的念白间就伴以该锣鼓点。

徽剧青阳腔和徽戏各有一套锣鼓经,打击乐音色低沉、浑厚,多用大锣大鼓,并常用大钹、大鼓的闷击,造成非常独特的效果。

徽剧演武戏,还加用大小唢呐进行伴奏,并配以大锣大鼓,显得大气、喧闹。唱吹腔,以笛子和小唢呐作为主要的伴奏乐器。唱拨子,本是以枣木梆击

节,用弹拨乐器进行伴奏的,与吹腔结合以后,又改用唢呐、笛子和徽胡。二簧除老二簧用唢呐伴奏外,其他都以徽胡为主。徽胡又称"科胡",木杆丝弦,琴筒内直径约二指长,演奏时琴柱不得歪斜,称"朝天一炷香"。用短弓弓法配以滑、揉指法,可造成独特的效果。后来因徽胡不如京胡灵巧,逐渐以京胡代之。此外还有一种乐器,名叫"先锋",亦称"挑子"、"三不出",是一种长约一米的喇叭。有两种形状,一是喇叭形,吹起来声音尖利;一是上节管细下节粗圆形,吹起来声音浑厚。吹奏方法有三:用于法场斩犯人时,声音短促、紧张,称"平头";用于出大将时,用力较大,很有气魄;用于出妖魔鬼怪时,声音尖而利,造成恐怖的气氛,称"尖头"。三种吹法都反复四遍,每遍中间夹以锣鼓,至第四遍才"开斩"、"出大将"、"出妖怪"。"三不出"的名称,即由此而来。

徽剧曲牌也很丰富,曲牌类的唱腔有220支,其中场面伴奏曲牌有92支。这些曲牌经过一代代徽剧艺人的演出实践,不断加工、提炼,精简了不必要的重复,更显简练。曲牌因演奏乐器的不同,分为唢呐曲牌、笛子曲牌和胡琴曲牌;因不同场合的不同需要,分为唱词

曲牌和场面曲牌。

唱词曲牌是指用在唱腔中的配有唱词的曲牌。不同的曲牌连缀成套,可构成一出戏完整的音乐,如《断桥》中白素贞的唱段《金络索》《山坡羊》,皆是唱词曲牌。唱词曲牌用于唱腔的还有《耍孩儿》《步步娇》《浪淘沙》《喜迁莺》《园林好》《黄龙滚》《梧桐树》《石榴花》等。这些曲牌多以笛子、小唢呐伴奏,有的也使用胡琴、大唢呐,因戏而异。如《百花赠剑》中江花佑的唱段《锁南枝头》用笛子伴奏,《悟空借扇》中铁扇公主的唱段《端正好》用小唢呐伴奏。唱词曲牌在婺源徽剧的徽昆戏中使用较多,如《昭君和番》中王昭君的唱段《梧桐雨》《画眉序》,《醉打》中鲁智深演唱的《油葫芦》,

徽剧《断桥》

《盗令三挡》中秦琼演唱的《水仙子》等。

下面为婺源县徽剧团江湘傲记录整理的部分曲牌。

一是唱词曲牌,如:

山 坡 羊

《山坡羊》用笛子伴奏。

第二批国家级非物质文化遗产徽剧项目传承人江湘傲

又如唱词曲牌《清江引》：

6 6 36 54 3 ....｜0 35｜2 3 2｜i i｜0 6·i｜5 35｜65 3｜i 16 5｜35 12｜3 56｜
纷纷水耕，　齐 簇簇　纷纷 水耕，　　　　鱼虾 蟹鳖 友,闹

i 16 3｜1·3｜21 6｜i 3｜3 6·i｜5 35｜65 3｜53 32｜12 16｜56 35｜6 — ‖
嘎嘎 咆 哞，　跃出 龙 门，　　　似蛟龙在 江 上 游。

又如曲牌《人马》：

3 5 i 16 5 6 ....｜56 532｜5i 653｜2·5 32｜1·2 16｜5 6｜1 23｜1 23｜5·3 2｜
人马发上 游，　　千里 任 行 走, 这 一 回

6·i 5｜6·5 32｜36 532｜1 2｜01 33｜05 323｜2 32｜3 5｜6 12｜3 65｜65 i｜
须 当　破 釜 沉　　舟,江山一旦 归吾 手,斩将还须

3 35｜6 35｜65 3｜02 12｜35 2｜05 35｜32 5｜55 i｜6 — ‖
定九 州,从今 后　愿四方 归 去, 愿四方 归 去 一齐 收。

　　二是场面曲牌。

　　场面曲牌是无演唱的纯器乐伴奏曲牌，烘托演员的舞蹈动作表演，渲染特定的环境气氛，其种类繁多，各种场合、动作都配有特定的曲牌。场面曲牌已呈戏曲化、程式化，如出皇帝时伴奏《朝天子》《山坡羊》《大金榜》《小开门》，出神仙伴奏《仙家无事》《万年欢》《上天台》《普天乐》等。

曲牌《小开门》：

$$6\cdot\underline{5}\ \underline{656}\ \|\!: 0\underline{3}\ \underline{56}\ |\ \dot1\cdot\dot2\ \underline{653}\ |\ 0\underline{5}\ \underline{6\dot165}\ |\ \underline{3521}\ 3\ |\ 0\underline{6}\ \underline{56\dot12}\ |\ \underline{6\dot165}\ \underline{3523}\ |\ \dot1\cdot\underline{7}\ |$$

$$\underline{6\dot1}\ \underline{2\dot16}\ |\ 1\ \underline{1\dot612}\ |\ \underline{36}\ \underline{56\dot12}\ |\ 3\cdot\underline{5}\ |\ \underline{6\dot1}\ \underline{56}\ |\ \underline{\dot1\cdot3}\ \underline{23\dot1}\ |\ 0\underline{23}\ \underline{\dot15}\ |\ 6\cdot\underline{5}\ \underline{356}\ :\|$$

曲牌《大开门》：

$$咚\ |\ 咚\ |\ \underline{323}\ |\ 1\ |\ \underline{13}\ |\ \underline{21}\ |\ \underline{35}\ |\ \underline{23}\ |\ \dot1\cdot\underline{2}\ |\ \underline{35}\ \underline{532}\ |\ 1\ |\ 0\underline{2}\ |\ \underline{13}\ |\ \underline{23}\ |\ \underline{21}\ |\ 0\underline{5}\ |\ \underline{65}\ \|\!:\ 4\cdot\underline{5}\ \underline{6\dot1}\ |$$

$$\underline{\dot13}\ |\ 2\ |\ 3\cdot\underline{2}\ |\ \underline{13}\ |\ \underline{21}\ |\ \underline{65}\ \underline{6\dot1}\ |\ \underline{532}\ |\ \underline{55}\ \underline{0\dot1}\ |\ \underline{65}\ |\ 6\ |\ \dot1\cdot\underline{2}\ |\ 3\ |\ 0\underline{5}\ \underline{23}\ |\ \underline{21}\ \underline{06}\ \underline{56}\ |\ 1\ |\ 0\underline{2}\ |$$

$$\underline{12}\ |\ \underline{16}\ \underline{56}\ |\ \underline{32}\ |\ \underline{323}\ |\ \underline{55}\ \underline{0\dot1}\ |\ \underline{65}\ \underline{3\cdot5}\ |\ \underline{32}\ |\ \dot1\cdot\underline{2}\ \underline{12}\ |\ \underline{32}\ \underline{53}\ |\ \underline{23}\ \underline{21}\ |\ 0\underline{5}\ \underline{65}\ :\|\ \overset{(收句)}{6}\ |\ 5\ |$$

$$\underline{35}\ |\ \underline{23}\ \frown\ |\ 1\ |\ 1\ \|\ 或\ 2\ |\ 1\ |\ \underline{35}\ \underline{6\dot1}\ \frown\ |\ 5\ |\ 5\ \|$$

　　《大开门》曲牌多用于迎送、祝寿、婚庆、中举、文武官员出台时的喜庆场合,中速稍快,唢呐演奏。《秦香莲》《玉堂春》等戏皆用了《大开门》曲牌。有唢呐全闭眼作"1"和作低音"6"两种,音调稍有不同。上例是唢呐全闭作"1"的《大开门》,下为唢呐全闭作"6"的《大开门》:

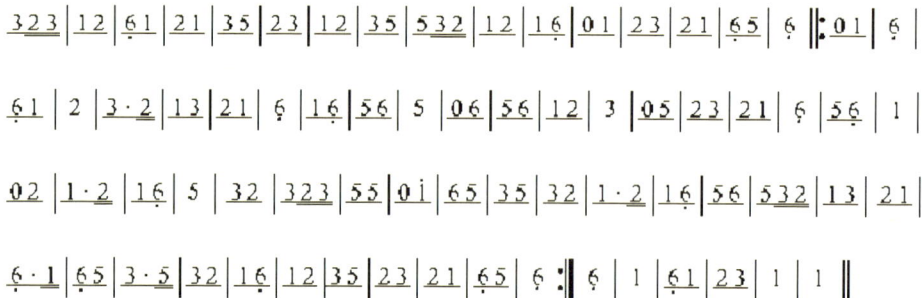

$$
\underline{323}\ |\ \underline{12}\ |\ \underline{6\,1}\ |\ \underline{21}\ |\ \underline{35}\ |\ \underline{23}\ |\ \underline{12}\ |\ \underline{35}\ |\ \underline{532}\ |\ \underline{12}\ |\ \underline{16}\ |\ \underline{01}\ |\ \underline{23}\ |\ \underline{21}\ |\ \underline{65}\ |\ \dot{6}\ \|:\underline{01}\ |\ \dot{6}\ |
$$

$$
\underline{61}\ |\ 2\ |\ \underline{3\cdot 2}\ |\ \underline{13}\ |\ \underline{21}\ |\ \dot{6}\ |\ \underline{16}\ |\ \underline{56}\ |\ 5\ |\ \underline{06}\ |\ \underline{56}\ |\ \underline{12}\ |\ 3\ |\ \underline{05}\ |\ \underline{23}\ |\ \underline{21}\ |\ \dot{6}\ |\ \underline{56}\ |\ 1\ |
$$

$$
\underline{02}\ |\ \underline{1\cdot 2}\ |\ \underline{16}\ |\ 5\ |\ \underline{32}\ |\ \underline{323}\ |\ \underline{55}\ |\ \underline{01}\ |\ \underline{65}\ |\ \underline{35}\ |\ \underline{32}\ |\ \underline{1\cdot 2}\ |\ \underline{16}\ |\ \underline{56}\ |\ \underline{532}\ |\ \underline{13}\ |\ \underline{21}\ |
$$

$$
\underline{6\cdot 1}\ |\ \underline{65}\ |\ \underline{3\cdot 5}\ |\ \underline{32}\ |\ \underline{16}\ |\ \underline{12}\ |\ \underline{35}\ |\ \underline{23}\ |\ \underline{21}\ |\ \underline{65}\ |\ \dot{6}\ :\|\ \dot{6}\ |\ 1\ |\ \underline{61}\ |\ \underline{23}\ |\ 1\ |\ 1\ \|
$$

　　曲牌《柳青娘》:

$$
\|:\underline{6\,6\,1}\ \underline{231}\ |\ 2\ \ 2\ \ 3\ |\ \underline{5\cdot 6}\ \underline{43}\ |\ \underline{2356}\ \underline{321}\ |\ 2\ \ 2\ \ 3\ |\ \underline{1\cdot 3}\ \underline{216}\ |\ \underline{5\cdot 6}\ 5\ |\ \underline{5\dot 1}\ \underline{65}\ |\ \underline{65}\ \underline{4\ 5}\ |
$$

$$
\underline{65}\ \underline{43}\ |\ 2\ \underline{432}\ |\ 5\ \underline{4\cdot 5}\ |\ \underline{65}\ \underline{43}\ |\ \underline{2356}\ \underline{321}\ |\ 2\ \ 2\ \ 3\ :\|
$$

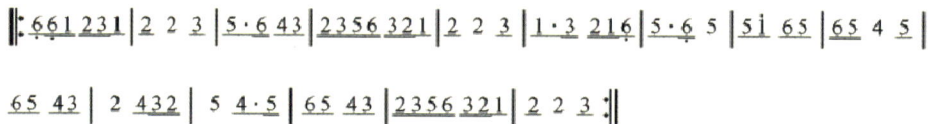

　　《柳青娘》曲牌多为胡琴、笛子伴奏,一般在观赏风景等场合使用,如《扈家庄》在花园扑蝶时就用该曲牌。

还有曲牌《八板》：

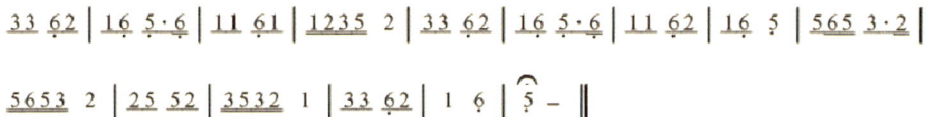

$$\underline{33}\ \underline{62}\ |\ \underline{16}\ \underline{5\cdot6}\ |\ \underline{11}\ \underline{61}\ |\ \underline{1235}\ 2\ |\ \underline{33}\ \underline{62}\ |\ \underline{16}\ \underline{5\cdot6}\ |\ \underline{11}\ \underline{62}\ |\ \underline{16}\ 5\ |\ \underline{565}\ \underline{3\cdot2}\ |$$

$$\underline{5653}\ 2\ |\ \underline{25}\ \underline{52}\ |\ \underline{3532}\ 1\ |\ \underline{33}\ \underline{62}\ |\ 1\ 6\ |\ \overset{\frown}{5}\ -\ \|$$

曲牌《八板》用胡琴伴奏。

又如曲牌《傍妆台》：

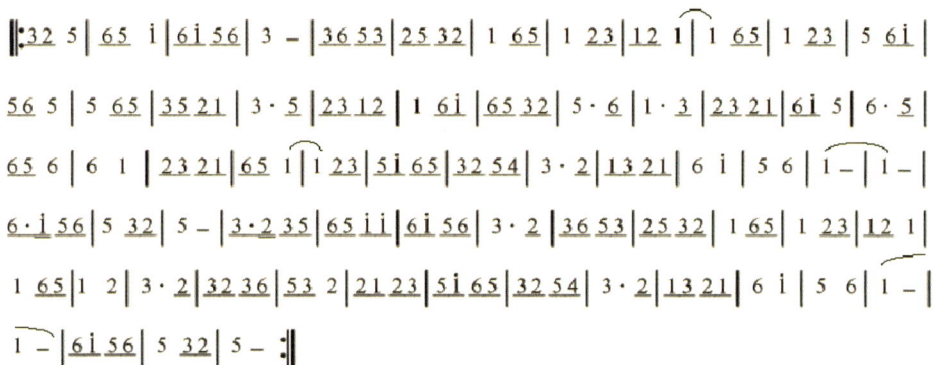

$$\|:\underline{32}\ 5\ |\ \underline{65}\ 1\ |\ \underline{61}\ \underline{56}\ |\ 3\ -\ |\ \underline{36}\ \underline{53}\ |\ \underline{25}\ \underline{32}\ |\ 1\ \underline{65}\ |\ 1\ \underline{23}\ |\ \underline{12}\ 1\ |\ 1\ \underline{65}\ |\ 1\ \underline{23}\ |\ 5\ \underline{61}\ |$$

$$\underline{56}\ 5\ |\ 5\ \underline{65}\ |\ \underline{35}\ \underline{21}\ |\ 3\cdot\ 5\ |\ \underline{23}\ \underline{12}\ |\ 1\ \underline{61}\ |\ \underline{65}\ \underline{32}\ |\ 5\cdot\ 6\ |\ 1\cdot\ 3\ |\ \underline{23}\ \underline{21}\ |\ \underline{61}\ 5\ |\ 6\cdot\ 5\ |$$

$$\underline{65}\ 6\ |\ 6\ 1\ |\ \underline{23}\ \underline{21}\ |\ \underline{65}\ 1\ |\ \underline{23}\ \underline{51}\ \underline{65}\ |\ \underline{32}\ \underline{54}\ |\ 3\cdot\ 2\ |\ \underline{13}\ \underline{21}\ |\ 6\ 1\ |\ 5\ 6\ |\ 1\ -\ |\ 1\ -\ |$$

$$6\cdot\underline{1}\ \underline{56}\ |\ 5\ \underline{32}\ |\ 5\ -\ |\ 3\cdot\ \underline{2}\ \underline{35}\ |\ \underline{65}\ \underline{11}\ |\ \underline{61}\ \underline{56}\ |\ 3\cdot\ 2\ |\ \underline{36}\ \underline{53}\ |\ \underline{25}\ \underline{32}\ |\ 1\ \underline{65}\ |\ 1\ \underline{23}\ |\ \underline{12}\ 1\ |$$

$$1\ \underline{65}\ |\ 1\ 2\ |\ 3\cdot\ \underline{2}\ |\ \underline{32}\ \underline{36}\ |\ \underline{53}\ 2\ |\ \underline{21}\ \underline{23}\ |\ \underline{51}\ \underline{65}\ |\ \underline{32}\ \underline{54}\ |\ 3\cdot\ 2\ |\ \underline{13}\ \underline{21}\ |\ 6\ 1\ |\ 5\ 6\ |\ 1\ -\ |$$

$$1\ -\ |\ \underline{61}\ \underline{56}\ |\ 5\ \underline{32}\ |\ 5\ -\ :\|$$

《傍妆台》曲牌用笛子主奏，多在敬酒安席时伴奏，如《黄鹤楼》中鲁肃安席时就用此曲牌。还有《反傍妆台》，旋律不同。

江湾乡村的文武场也挺有气派

又如曲牌《八岔》：

0 156 ‖ 1·56 | 11 61 | 65 324 | 3 ·6 | 51 65 | 43 231 | 2·5 | 33 23 | 21 62 |

7656 156 | 1 － | 324 3 | 7656 1 | 324 3 | 7656 12 | 76 7 2 | 76 56 | 76 5 6 |

76 7 2 | 76 56 | 76 5 1 | 65 36 | 5·1 | 65 36 | 5 6561 | 5 223 | 5 235 |

6532 156 ‖

曲牌《哭皇天》：

062 1·7 ‖ 6·5 656 | 02 12 | 3·2 323 | 023 123 | 5·6 543 | 05 3532 | 1·6 561 |

05 3532 | 1612 3532 | 17 65 | 3235 676 | 02 17 ‖

曲牌《哭皇天》多在捧神牌、送葬、打扫灵堂时用胡琴伴奏，节奏较慢。如《白蛇传》中，"许梦姣"祭塔一场戏的上场就用了该曲牌。与《哭皇天》通用的还有《哭相思》等。

$\underline{53}\ \underline{36}\ |\ 5\ \underline{35}\ |\ \underline{6i}\ \underline{653}\ |\ \underline{01}\ \underline{16}\ |\ \underline{12}\ 1\ |\ \underline{656}\ |\ \underline{i\cdot 6}\ \underline{56}\ |\ 5\ -\ |\ 3\ \underline{35}\ |\ \underline{6i}\ \underline{653}\ |$

$\underline{01}\ \underline{16}\ |\ \underline{12}\ 1\ |\ 5\ 3\ |\ 3\ \underline{21}\ |\ \underline{12}\ \underline{123}\ |\ 5\ 4\ |\ 3\ -\ |\ \underline{5i}\ \underline{65}\ |\ \underline{61}\ 2\ |\ 1\ \underline{21}\ |$

$6\ 5\ |\ 3\ 5\ |\ 3\ \underline{21}\ |\ \underline{12}\ \underline{123}\ |\ 5\ 4\ |\ 3\ -\ \|$

曲牌《赏宫花》用于皇帝赐筵、饮酒时伴奏。与此曲作用相同的还有《园林好》等。

曲牌《小桃红》：

$\underline{5\cdot 3}\ 6\ |\ \underline{5635}\ 2\ |\ \underline{26}\ 7\ |\ \underline{76}\ \underline{56}\ |\ 5\ -\ |\ \underline{67}\ \underline{23}\ |\ 2\ -\ \|:\underline{32}\ \underline{35}\ |\ 3\ -\ |\ \underline{67}\ 5\ |\ \underline{6\cdot 5}\ \underline{36}\ |$

$\underline{53}\ 2\ |\ \underline{176}\ 2\ |\ \underline{2\cdot 3}\ \underline{5i}\ |\ \underline{6535}\ 2\ |\ \underline{176}\ \underline{23}\ |\ 2\ -\ |\ \underline{653567}\ |\ 6\ -\ |\ 6\ \dot{2}\ |\ \underline{176}\ |\ \underline{76}\ 7\ |$

$\underline{535}\ 2\ |\ \underline{535}\ 6\ |\ \underline{6\cdot 5}\ \underline{36}\ |\ \underline{53}\ 2\ |\ \underline{123}\ 5\ |\ \underline{32}\ 1\ |\ \underline{23}\ \underline{21}\ |\ \underline{65}\ 6\ |\ \underline{06}\ \underline{56}\ |\ 1\ \underline{65}\ |\ 3\ \underline{23}\ |$

$\underline{06}\ \underline{54}\ |\ 3\ -\ |\ \underline{23}\ \underline{21}\ |\ \underline{61}\ \underline{1235}\ |\ 2\ -\ |\ \underline{32}\ \underline{35}\ |\ 3\ -\ |\ \underline{23}\ \underline{21}\ |\ \underline{65}\ \underline{67}\ |\ 6\ -\ |\ 6\ -\ |\ \underline{76}\ \underline{56}\ |\ 5\ -\ :\|$

曲牌《小桃红》多在表演洗手及跳加官时伴奏。

种类繁多的场面曲牌都在特定的程式动作中使用，还有一些曲牌的使用情况简列如下：

奏本时伴奏《驻马所》；

开道时伴奏《六么令》；

起霸时伴奏《风入松》；

出鬼怪时伴奏《风入松》《浪淘沙》；

摆宴时伴奏《春日景和》；

下书观看时伴奏《风入松》《江儿水》；

凯旋时伴奏《将军令》《倒春来》；

拜天地时伴奏《思和》《小开门》；

考场上伴奏《香闺》《小桃梅》；

梳妆时伴奏《答子》《梳妆调》；

公堂上打板时伴奏《王法调》；

坐车时伴奏《双劝走》；

赶路时伴奏《走马牌》。

经常活跃在赣东北及浙西等地的婺源徽班，受当地戏曲音乐的影响，曲牌在徽戏中有较大变化。如发兵时用的《玉芙蓉》现已很少用，被《倒春来》或《水龙吟》代替；出神仙用的《仙家无事》《万家欢》《上天台》《普天乐》被《玉华清江引》代替；凯旋时用的《傍妆台》被《倒春来》代替，专用曲牌变成一曲多用。

徽剧《扈家庄》

五、婺源徽剧艺人与传承

中国戏曲史上，徽剧起过承前启后、继往开来的作用。徽剧为京剧的形成奠定了基础，京剧是徽班在漫长的岁月中孕育而成的。清乾隆五十五年（1790），四大徽班陆续进京演出，在嘉庆、道光年间同来自湖北的汉剧艺人合作，相互交融，并接受了昆曲、秦腔的一些剧目、曲调和表演方法，还吸收了一些民间曲调，逐渐形成具有完美的艺术风格和表演体系的剧种。徽戏入京发展为京剧之后，南方的徽戏仍在流行。被称为"京外四大徽班"的"老庆升"、"彩庆"、"同庆"、"大阳春"徽班，以及婺源后来组建的一些徽班，一直在婺源和周

边地区演出，不少婺源徽班还随着徽商的足迹踏遍了祖国的许多都市。

婺源艺人在继承徽剧艺术的同时，也能博采众长，大胆吸收其他剧种的艺术精华，取人之长，补己之短，以满足不同观众的需要。徽剧也为其他地方剧种提供了丰富的养料，南方许多主要剧种如滇剧、粤剧、闽剧、桂剧、赣剧、婺剧、淮剧，都与徽剧有渊源。赣剧所形成的发源地上饶、鄱阳、乐平一带与婺源邻近，徽调成分非常明显。婺剧就是高腔、昆曲、徽调等剧种的混合，徽调是其中的重要组成部分。据浙江《婺剧简史》记载：婺剧的产生，"有一说法是从江西婺

婺源徽剧团建团时期的老艺人,后排左起:李百岁、程观保、崔月奎、汪新丁、郑德祥;前排左起:汪瑞荣、汪印亭、汪玉廷、蒋荫庭、蒋金根、金福盛

源,经开化马金溪到常同港,然后到衢州、龙游、金华一带。还有一种说法是从江西玉山、广丰等地到江山到衢州、龙游、金华一带"。婺源洪福林徽昆班多在婺源,也经常从德兴、九都、叶村、占才进入浙江开化,然后到衢州、金华等地巡回演出。

婺源旧时的徽剧戏班,都是沿用"拜师傅"、"跟戏班"的路子,通过收徒授艺进行艺术传承。旧时艺人学艺大多因家庭贫困生活所迫,有的被家人卖到戏班,有的投奔戏班求学艺谋生。戏班班主对学戏的人员要进行面试,要求长相、嗓音达到一定的标准才接收,然后指定行当命其拜相关的师傅为师,跟着戏班跑码头,边演出边学艺。戏班学徒是要吃很多苦的,"师傅领进门,修行在个人",这修行的过程就是吃苦的过程。一边学习基本功,一边开始跑龙套,一步一步地学。当时师傅教唱的方法是口传心授,师傅唱一句,徒弟学一句。演技的"手、眼、身、法、步"等功夫,师傅一招一式手把手教,学徒私下还要刻苦磨炼并用心领会。一代代婺源徽剧艺人,其中不少名角在皖南、浙西、赣东北一带都有较高的声望,他们又带出了众多卓有成就的徒弟。

这些徽剧艺人的传承谱系,就是婺

旦角老艺人一招一式认真授教

源徽剧的发展史。从乾隆时期至民国年间，婺源徽班杰出的顶尖演员约有50多人。当时艺人除汪灶喜、耿金榜、余三金、余银顺、林庆松、汪仙宝等部分演员外，大多不以真实姓名上戏牌，而是以行当加绰号，或加此前的职业传名。如"老庆升"徽班的主要演员二花五八、大花歪头、花旦大法达、正旦小法达、三花小毛、武生私发全；"彩庆班"的主要演员大花歪头、正旦大道士、小旦小道士；"长春班"的大花豆腐顺；还有什么二堂麻子、癞痢淦、癞痢进、驼背进、桶匠旦、和尚、矮松、烂脚欣等等。这些徽剧艺人并没想把自己写进历史，他们传承徽剧艺术主要还是为了谋生，为了自己的爱好。反正，观众记住了他们，记住了他们的绰号、行当，他们在徽剧舞台上的精彩表现已经留在观众的心里了。

清乾隆时期至民国中叶婺源徽班的部分艺人

姓名	行当	所属班社	籍贯	擅长剧目	演出地点
大秋香 (乾隆年间)	老生	彩庆班	安庆	《七星灯》《盗金刀》《四盘山》《奇双会》	老徽州六县
小秋香 (乾隆年间)	老生	彩庆班	歙县	《骂国舅》《马前泼水》《宫门挂带》	老徽州六县
小宝 (乾隆年间)	三花	彩庆班	绩溪	《十五贯》《白罗衫》	老徽州六县
汪灶喜 (光绪年间)	武生	洪福林	婺源	《盗御马》《伐子都》《莲花湖》	皖浙赣周边
寿喜 (光绪年间)	武旦	洪福林	婺源		老徽州六县
穆灶祥 (光绪年间)	老生	马家班	鄱阳	《上天台》《斩黄袍》《青石岭》	婺源一带
耿金榜 (乾隆年间)	老生	仙舞台	太平	《盗宗卷》《胭脂湖》《八盘山》《朱砂痣》	皖南、赣北
朱金兰 (民国初年)	青衣	仙舞台	旌德	《战宛城》《胭脂虎》《花田错》	徽州、赣北
小旦红 (民国初年)	花旦	仙舞台	婺源	《兰桥会》《僧尼会》《乌龙院》《小上坟》	老徽州
癫痫进 (民国初年)	二花	仙舞台	绩溪	《兴隆会》《涌金门》	老徽州
王金茂 (民国初年)	小生	仙舞台	歙县	《铁弓缘》《卖胭脂》	老徽州
武旦宜 (光绪末年)	武旦	王和福	婺源	《泗州城》《蝴蝶梦》	徽州、赣北
崔月樵 (光绪末年)	老生	王和福	南京	《哭祖庙》《新西川》《捉放曹》	皖浙赣周边
驼背进 (光绪末年)	青衣	王和福	婺源	《端午门》《十八扯》	皖浙赣周边
俞三金 (光绪末年)	武老生	柯长春	婺源	《莲花湖》	皖浙赣周边

徽剧团成立初期的徽剧新老演员

新中国成立初期的婺源徽剧艺人

姓名	籍贯	行当	姓名	籍贯	行当
汪新丁	婺源	武生	崔月楼	歙县	老生
崔月奎	歙县	二花	李百岁	铅山	三花
蒋荫庭	歙县	大花	蒋金根	歙县	二花
汪玉廷	德兴	老生	张继庭	安徽	二花
舒金枝	安徽	青衣	张基生	婺源	小生
查汪树	婺源	青衣	俞开耆	婺源	老旦
施文呈	婺源	须生	郑德祥	安徽	正生
俞世海	婺源	小生	汪树荣	婺源	三花
程观保	歙县	鼓师	陈攀华	婺源	琴师
王品儒	婺源	须生	潘子乾	婺源	乐师
白玉琴(女)	浮梁	花旦	李月亭	安徽	二花

婺源徽剧团成立初期培养的徽剧演员乐手

姓名	从艺时间	籍贯	行当	师承关系
俞林姿(女)	1956年	婺源	青衣	师承舒金枝
俞根英(女)	1956年	婺源	花旦、武旦	师承舒金枝
俞治祥	1956年	婺源	二花	师承李月亭
江湘傲	1956年	婺源	琴师	师承陈攀华
查光前	1956年	婺源	武生	师承崔月楼
王灶女(女)	1956年	婺源	小旦、小生	师承舒金枝、俞世海
江裕民	1957年	婺源	大花、正生	师承蒋印庭、汪新丁
董礼和	1957年	婺源	武生	师承汪新丁
程淑英(女)	1957年	婺源	青衣	师承舒金枝
王汝春	1957年	婺源	三花	师承李百岁
王炎	1957年	婺源	三花	师承李百岁
俞春凤(女)	1957年	婺源	老旦	师承俞开耆
李进才	1957年	婺源	鼓师	师承程观保
胡庆三	1957年	婺源	须生	师承郑德祥
王华生	1957年	婺源	须生	师承郑德祥
程万红	1958年	婺源	武丑	师承汪新丁
汪兆容	1958年	婺源	武生	师承汪新丁
王正顺	1958年	婺源	二花	师承张继庭
俞诺	1958年	婺源	小生	师承俞世海
何柏坤	1959年	婺源	鼓师	师承程观保
欧阳瑞姿(女)	1959年	婺源	花旦	师承俞根英
戴淑娥(女)	1959年	婺源	青衣	师承俞林姿
董阿莲(女)	1959年	婺源	刀马旦	师承王灶女

1958 年婺源徽剧团晋省演出合影

1960 年徽剧学校培养的演员

姓名	从艺时间	籍贯	行当	师承关系
洪宝玉(女)	1960 年	婺源	花旦	师承俞林姿、白玉琴
叶秋英(女)	1960 年	婺源	花旦	师承俞林姿、白玉琴
郭全娣(女)	1960 年	婺源	花旦	师承俞根英、俞林姿
董美玉(女)	1960 年	婺源	小生	师承俞世海
吕春田	1960 年	婺源	武生	师承崔月楼
戴天顺	1960 年	婺源	三花	师承李百岁
胡灶保	1960 年	婺源	三花	师承李百岁
胡昌辉	1960 年	婺源	三花	师承李百岁
董五荣	1960 年	婺源	老生	师承汪玉廷
胡灶林	1960 年	婺源	大花	师承蒋荫庭
戴成权	1960 年	婺源	老生	师承汪玉廷
汪瑞坤	1960 年	婺源	老生	师承汪玉廷
俞仙云(女)	1960 年	婺源	老旦	师承俞开耆
程绪填	1960 年	婺源	乐手	师承陈攀华
汪林生	1960 年	婺源	乐手	师承程观保

从清晚期到民国中叶,婺源徽班曾相继涌现出不少杰出的演员。他们是徽剧舞台上的佼佼者,也是徽剧艺术的传承人。现将各时期有代表性的婺源徽剧艺人做一简要介绍:

武旦宜,男旦。生于1880年,婺源古坦村人。少年开始学戏,曾先后搭"仙舞台"、"新仙舞台"、"梓坞班"、"新鸿春"、"王和福"等徽班演出。武功扎实,能唱善演,擅长武旦戏,他演《泗州城》中的武旦,能接连翻滚"乌龙搅柱"30多个,且快捷、优美。民国后期,因年老不能演武戏,离开了正规徽班,自邀同行组织临时班社,后又演傀儡戏。60岁离世。

俞三金,擅演武生。出生年代不详,婺源汪口村人。13岁时,父母因生计困难,将其卖到"马家班"学艺。经刻苦严格训练,武功超人,特擅长软扎和长靠戏。其"面僵尸"一技,曾跌扑过七张桌子搭起的高台。后在"柯长春"搭班,常在婺源、歙县、黟县等地演出。"柯长春"徽班解散后,在绩溪乡间教串堂班。新中国成立后,受聘在安徽省徽剧团任教。

汪灶喜,著名武生。生于1890年,婺源大畈岭里村人。出身木偶世家"聚和神社"。从小随父外出演出木偶戏,因家庭生计难以维持,后赴玉山学戏。出

《红色娘子军》剧照

师后曾在"洪福林"、"仙舞台"、"新仙舞台"搭班演出。后又与"矮子财"合伙组班演出,散伙后又重返"仙舞台"。汪灶喜武功好,戏路宽,能演文武小生、老生、武丑等不同行当的角色,能穿五寸厚底高靴从八张桌的高台翻下,有"武功盖江南"之誉。他演过的"击鼓骂曹"一剧,别人多不敢演。后因与班主不和,还家演提手傀儡戏,晚年病死家中。

汪新丁,生于1906年,婺源大畈岭里村人。7岁入"洪福林"徽昆班学艺,从打小锣、跑龙套干起。后搭"梓坞班"演出。1917年进入其叔父汪灶喜的"新洪福"徽班,师承汪灶喜学习小生。后离开叔父进入"仙舞台"、"赛云班"、"新阳春"、"二阳春"、"新长春"等徽班演出。

1964年赴上饶演出时合影

后又拜"新长春"刘九斤为师，改学老生，扩展戏路。1934年随歙县"凤舞台"、"庆升舞台"等徽班在浙西衢州、龙游和赣东北一带演出，因国民党到戏班来抓壮丁，回老家演提线木偶谋生。1956年，婺源县正式成立徽剧团，汪新丁任剧团副团长。1958年，代表婺源徽剧老艺人赴省参加古老剧种汇报演出。此后致力于婺源徽剧艺术的挖掘和徽剧接班人的培养，为婺源徽剧的传承和发展做出了卓越的贡献。

江裕民，生于1944年，婺源人。1957年进入婺源徽剧团，师承汪新丁、蒋荫庭、崔月楼等徽剧老艺人学戏。初学大花脸，翌年登台首演《黑风帕》《捉放曹》，深得师傅器重。继攻红生、黑头行当，最后攻文武老生。先后出演了《水淹七军》《古城会》《斩颜良》《战长沙》《单刀赴会》中的关羽。继演《包公打銮驾》《斩包勉》《铡美案》中的包拯，以及《打渔杀家》《潞安州》《盗令三挡》《定军山》《十五贯》《逼上梁山》《追韩信》中的文武老生。其戏路宽，功底扎实，且注重人物刻画，深得同行与观众的赞誉。2008年2月，被评为"第二批国家级非物质文化遗产项目代表性传承人"。

江湘傲，出生于1943年，婺源人。1956年进入婺源县徽剧团学艺。初学武生，因练功腿部受伤改行学文武场，师从陈攀华主攻唢呐与京胡伴奏。1959年，随同江西省古典戏曲演出团进京汇报演出。1980年，参加江西省古老剧种调演。1998年，获现代徽剧《风雨路上》"音乐设计一等奖"。2008年2月，被评为"第二批国家级非物质文化遗产项目代表性传承人"。

附录1:

传承,历史的责任
——与婺源徽剧传承人江裕民一席谈

2006年5月,婺源徽剧获准入选首批国家级非物质文化遗产名录。2008年1月,婺源江裕民、江湘傲获准成为国家级非物质文化遗产传承人。在婺源徽剧申报国家级非物质文化遗产的调查工作中,我与江裕民进行过座谈。江裕民曾任婺源徽剧团副团长,是卓有成就的徽剧演员。现选录有关徽剧传承的话题,稍加整理,以作为资料保存。

胡兆保:谈婺源徽剧的传承,我认为应该先从汪灶喜说起。汪灶喜既是婺源徽班的名角,也是婺源徽剧承前启后有代表性的传承人。

江裕民:汪灶喜是我师傅汪新丁的师傅,婺源大畈人。汪灶喜祖上是"傀儡"(木偶)世家,从小耳濡目染,10岁到戏班学戏。旧时戏班学艺是要吃很多苦的,冬练三九,夏练三伏,天不亮就"拿顶"(倒立),要坚持拿一个多小时,还要练腰、腿、翻跟斗等基本功。那时都说"不打不成器",说功夫是打出来的。汪灶喜特别能吃苦,能忍受一般人难以忍受的苦痛,经过几年的苦练,他终于学会了翻、打、摔、扑等功夫,并上台打下手,出演一般角色。他学武生,师傅教的戏,认认真真地学,师傅没有教的戏,他就在旁边偷着学。一次有位武生演员临场生了病,汪灶喜自告奋勇上台顶替,这是一出他师傅没教过的武生戏,但是他却把平时偷学来的演技一招一式一板一眼很好地演了下来,赢得了师傅们的夸赞。民国二年(1913),汪灶喜到婺源新成立的徽昆戏班"洪福林"搭班。那时"洪福林"班有六七十人,主角叫"九个头"(即大花、三花、四花脸、付、末、外、旦、彩旦、小生),演员都不称正规的名字,戏牌上只写各人的绰号,如文武小生歪面、猪头细英、小牛怪等。

胡兆保:民国六年(1917),汪灶喜在大畈办了一个叫"新洪福"的戏班,自任班主并挂牌演出。

江裕民:汪灶喜在婺源一带名气很大,有号召力,当时来搭班的名角也不少,如花旦汪进、武旦汪仙宝等。汪灶喜人称"武生一绝",长靠、短打、猴戏门门出色,唱目连戏能从八张桌子搭成的高台空翻而下,落地无声,接着又打几十个旋子。他在皖南、浙西、赣北都有很高声望。只要汪灶喜挂牌演出,附近几十

江裕民（左一）在江湾景区舞台化妆

里的观众都会去看他的戏。

胡兆保：汪灶喜的"新洪福"戏班时间不长，后来他搭过开化的"赛云班"，又先后在婺源的"仙舞台"和"新舞台"干过。"新舞台"是个婺源籍演员占多数的戏班。

江裕民："新舞台"是太白王村的王和福当班主，所以也叫"王和福徽班"，婺源本地的演员很多，当时叫红的就有武旦宜、和尚、驼背进、桶匠旦等名角，汪灶喜更是这个戏班的台柱。因为仰慕汪灶喜的名气，不少穷家子弟也来找汪灶喜拜师学艺。

胡兆保：汪新丁也是这时跟汪灶喜学艺的吧？

江裕民：汪灶喜是汪新丁的叔叔，所以汪新丁7岁就跟着叔叔进入"洪福林"徽昆班学艺，因为人太小，主要是练功，有时候跑跑龙套，打打小锣。后来"洪福林"戏班解散，他也跟着叔叔回了家。直到汪灶喜自己创建"新洪福"徽戏班，汪新丁也跟着叔叔来搭班学艺。在"新洪福"，汪灶喜正式收汪新丁为徒，学小生。

胡兆保：汪新丁也在婺源"仙舞台"搭过班？

江裕民："仙舞台"是个文武行齐全的大徽班，著名演员有汪灶喜、花旦红、武旦宜、二堂麻子、郑元徽、大秋香、小秋香、耿金榜、朱金兰等。当时在婺源、在皖赣交界的几个县都很有名气，很受欢迎。他们能演五六百出戏，除演《龙凤阁》《生死板》《杀子报》《九更天》等传统徽剧大戏和折子戏，《劝善记》《西游记》等目连戏外，并演《汴梁图》《阴阳界》《三疑记》《新安驿》《海潮珠》《碧游宫》《杀狗劝妻》等梆子戏。又因为经常在乐平、德兴、浮梁、万年、鄱阳和上饶沙溪一带演出，还移植了赣剧《碧桃花》《珍珠记》《皮箱记》《万全堂》等剧目，丰富了演出内容，满足了各地观众的需求。在"新舞台"期间，汪新丁跟着汪灶喜着实学了几出生角戏，几年下来，还有了一些小名气。

胡兆保：后来，汪新丁还搭过休宁、婺源、歙县的"新阳春"、"二阳春"、"新舞台"、"凤舞台"、"庆升舞台"等徽剧戏班。

江裕民：这时，汪新丁改学武老生。他在向汪灶喜学习的同时，为了扩展戏路，还虚心向各行当的名师求教，逐步成为能掌握、扮演各个行当的各种角色。他不管在哪个戏班，都能取人之长

补己之短，艺术上刻苦钻研精益求精，所以后来他在婺源、皖南一带很有影响。

胡兆保：但是后来随着抗日战争的爆发，政局动荡，民生凋敝，婺源及皖南的徽班都先后解散，汪新丁只得回家在乡下演演傀儡戏。直到新中国成立后，1956年婺源徽剧团成立，徽剧获得了新生，汪新丁也获得了重新施展艺术才华的舞台。

江裕民：这时，汪新丁已经50岁了。为了抢救和挖掘徽剧艺术，培养青年演员，他与崔月楼、蒋荫庭、崔月奎、汪玉廷、陈攀华、潘子乾等老艺人一起，克服困难，积极工作，仅两三年时间，就收集和挖掘整理了徽剧剧本《昭君和番》《斩经堂》《汾河湾》《扈家庄》《百花赠剑》《水淹七军》《盗令三挡》《千里驹》《北河祭旗》等400多出，不少戏都先后搬上舞台演出。1958年，《水淹七军》《扈家庄》《百花赠剑》《金德山拿虎》等传统徽剧参加江西省戏剧会演，1959年又以徽剧折子戏《汾河湾》参加古老剧种赴京演出，受到专家、学者的重视和好评。当时对青年演员的传承，基本是采取随师随团进行培养，就是学员分行当跟相关的师傅学戏，同时还要随团演出，跑龙套打下手。

徽剧团成立初期的新老演员

1975年培养的徽剧新生力量

胡兆保:你是1957年进入婺源徽剧团学艺的,可以说是新中国成立后培养的第一批婺源徽剧的学员,现在你又成了婺源徽剧的传承人,回顾你的成长道路,一定有许多感慨、许多美好的记忆。

江裕民:是的。我进剧团的时候才12岁,因嗓音洪亮,脸庞宽大,开始跟蒋荫庭师傅学大花脸,首演了《黑风帕》《捉放曹》《斩包勉》等花脸戏。1959年跟随崔月楼师傅攻文武老生。崔月楼当时是剧团的副团长,他演技精湛,唱功做功都很有特色。他教我排练了《水淹七军》《打渔杀家》《徐策跑城》等老生戏。1960年又跟随汪新丁师傅攻文武老生,先后排练了《盗令三挡》《北河祭旗》《战长沙》《白马坡》等徽剧味更浓的老生戏。几位师傅在艺术上都各有所长,汪新丁还精通鼓板,并能背出大小戏的总纲剧本几十出,因为一般艺人只掌握自己行当内角色的唱做念打,而能够"摸总纲"的,在老艺人中也不多见。我在几位师傅的培养下,从红生(关羽等形象)、黑头(包公等形象)到文武老生,文武兼学并蓄,戏路步步拓宽,身手日趋稳健。1960年参加江西省首届青年演员会演大会,配演徽剧《扈家庄》中的李逵初露头角。1964年在上饶地区第三届戏曲会演大会上,主演徽剧现代戏《茶乡春色》受到好评。1965年参加江西省农村文化工作队调演大会,主演徽剧现代戏《茶乡战歌》获得成功,婺源徽剧首次在江西人民广播电台录音播放。应该说,从1956年婺源徽剧团成立到"文革"前的10年,是婺源徽剧传承和发展的黄金时期。那时几乎每年都要招收学员,1960年还以徽剧学校的形式招收了近百名学员,历届招收的这些学员经过筛选淘汰,经过老艺人的传带带,都陆陆续续很快成长起来,大多学员都成了剧团的艺术骨干。

胡兆保:至"文革"前夕,新中国成立后婺源徽剧团陆续培养的徽剧的年青一代,包括生、旦、净、末、丑文武各个行当,包括文武场的司鼓、琴师等各个岗位,都已经全面地接了班,舞台前后都是新人,剧团成立初期青黄不接、"豆腐咬不动"的状况彻底得到了改变。

江裕民:没想到"文革"时期,婺源徽剧成了"封资修",剧团撤销,人员下放或改行,徽剧资料、服装道具几乎全被烧光,刚刚进入黄金时期的婺源徽剧遭到毁灭性的破坏。

胡兆保:1980年,婺源徽剧团重新恢复,徽剧的传承工作也得以继续。

江裕民:就在这年,江西省文艺学校为婺源定向培养了10名徽剧学生,毕业后分配到婺源徽剧团。在此前后还陆陆续续招收了几批学员,不少下放和改行的老演员也归队重返舞台。徽剧团恢复后,重新恢复排演了徽剧传统剧目,并以徽剧保留剧目《水淹七军》《扈家庄》《百花赠剑》参加新时期举办的江西省古老剧种戏曲调演。新时期培养的这些年轻演员,不少人都排练和演出过传统剧目,也排练和演出过现代戏,曾受到观众的好评和欢迎。婺源徽剧得到了较好的保护和传承。1983年,又以新编大型徽剧《长城砺剑》参加江西省戏剧会演,获演出奖和省政府颁发的创作奖,我在剧中主演詹天佑,也受到专家和观众的赞誉。这年的《江西戏剧》月刊还以我扮演的詹天佑的剧照登了封面,影响广泛。这一时期,也是婺源徽剧传承和发展的第二个黄金时期。

胡兆保:1983年前后,是文艺体制变化的原因吧,大批新老演员都先后调离了剧团。

江裕民:我是1985年离开剧团调文联的。这时留在团里的老演员已经很少了。

胡兆保:现在婺源徽剧团仅有人员30多人,行当不全,人员缺乏,许多传统的折子戏都无法上演。

江裕民：这确实是一个有待解决的难题。戏曲艺术是一个综合体系，演员生、旦、净、末、丑，文武场琴师、"三大件"(二胡、三弦、月琴)、司鼓、大锣、小锣等等，一个萝卜一个坑，缺一不可。近几年，文艺院校毕业分配了几名舞蹈演员到徽剧团，还招收了一些女舞蹈学员，就是没有学徽剧的。现在，婺源徽剧已列入国家非物质文化遗产，徽剧艺术遗产的保护、传承工作也得到了应有的重视，但是怎么保护、怎么传承？谁来继承？再说，1956年婺源徽剧团成立时，当时的老艺人也才四五十岁，而现在，"文革"前培养的演员都上了60岁，许多人很早就离开了舞台，离开了文化部门，传承工作的难度是显而易见的。当然，徽剧传承是历史的责任，我们虽然退了休，但是一定会尽力而为。

胡兆保：婺源徽剧这朵艺术奇葩，在历史上曾几度陷入困境，几度出现后继无人、濒临失传的危机局面。相信婺源徽剧在评为国家级非物质文化遗产之后，能够重振旗鼓，再度振兴，创造新的辉煌。

(上饶市政协文史委员会《文史》2008年第3辑)

附录2：

徽剧1960

胡兆保

1960年，是婺源徽剧发展史上一个重要的年份。这年，中共婺源县委做出一个异乎寻常史无前例的决定，成立婺源徽剧学校，培养新生力量继承徽剧艺术。于是短短时间，在全县招收了60多名小学员，这是婺源徽剧团建团后招收学员最多的一次，更是上世纪抢救徽剧传统艺术的一次大行动，大传承。

我有幸成为这60多名小学员中的一员，曾经历了上世纪60年代初徽剧传承的那些难忘的岁月。我想这次大传承的历史，无疑也是婺源徽剧发展史上不可或缺的一页，其中许多做法对于今日的徽剧传承工作不无借鉴作用。少年学艺的逸闻趣事，也很值得回味。

想想也是，当时县委做出这一决策需要何等超凡的胆识和智慧。1960年，正是国家"三年困难时期"，婺源这样的山区农业县刚遭到"大跃进"的折腾，百业待兴，财政的拮据是显而易见的。但是，1956年新成立的徽剧团所面临的窘况又迫使县委不得不做出抉择，徽剧这古老的地方剧种虽然救活了,每年也陆续招收一些学员,但演艺人员青黄不接的现象仍未根本改变,一年招三四个或五六个学员远不能满足徽剧传统艺术传承的需要!

这年5月,从全县各小学挑选来的学员陆续报到。戏曲演员的培养必须遵循其特有的规律,首先必须从少年开始培养,身段台步都必须从小练习打好基础。因此新招学员都是11、12岁的孩子。学艺是要吃很多苦的。首先是练功,练腿——架腿、撕腿、踢腿;练腰——下腰、锻腰、收腰。撕腿、收腰,每个初练习的学员都会痛得掉眼泪。收腰,即学员面对师傅,身子往后仰,师傅则按住学员的肩膀一步步往里拉。练"前桥"、"小翻"都得靠腰上功夫。旧时戏班有句行话,叫"不打不成器",就是说功夫是打出来的。新中国成立后废除了体罚,但练武功还不时要挨打,如果不按照师傅的要求练的话。当然,师傅一般用舞台上的刀片打屁股打腿膀子,有阵痛却不伤皮肉。

进而学把子功——刀、枪、棍、棒的打法,学翻跟斗。徽剧很重视武功,教练功的崔月奎、蒋金根师傅常讲述老辈艺人中武功高强的故事,鼓励学员奋发苦练。说老徽班有个"武旦宜"武功非常厉

"文革"后培养的徽剧演员与老师合影

害,翻扑滚打,耍枪舞剑,样样超人;武小生汪灶喜能从八张桌子垒起的高台上空翻而下,继又打几十个"旋子"。武技是徽班艺人具有的传统本领,这些高超的武艺技巧在徽戏中延续下来并不断丰富发展,形成了徽戏剽悍粗犷的风格。

蒋师傅眼睛不太好,清晨他要学员练习拉顶(倒立),拿个闹钟摆在一旁,不到规定的时间不准下来,淘气的学员往往趁他不注意,悄悄把闹钟拨快几分钟,而蒋师傅根本不知道。我们就这样一边咬着牙掉着眼泪一边又不失顽皮地练功学艺。当然,也有不少学员受不了练功的苦痛,没学几个月就开溜了。

徽剧演员何翠梅剧照

徽剧老演员程万红为
年青演员扎靠扮戏

旦角的扮头化妆也是传承的内容

学员每天一早天不亮就起床喊嗓子练唱,白天上课则练习舞台上需要的各式各样的基本功。半年后,学校便根据学员的条件,划分行当:生、旦、净、末、丑、文武场。每个行当的师傅(徽剧学校老师也称师傅)都要带几个学员,也就是徽剧的每个行当普遍都得到传承。虽然没有旧戏班的拜师程序,但师徒关系确定下来了,便跟着师傅学习展示各行当精华的徽戏。记得当时学的是《二进官》《拾玉镯》《白水滩》《钓金龟》《张三借靴》等徽剧折子戏。一个角色,同行当的都学。每个行当在这些戏中都有主要角色,或主唱功,或主表演,或主武功。师傅一招一式手把手教,一板一眼精心传承。通过学戏,对徽剧的唱念做打等表演程式进行传承。我跟着李百岁师傅学丑角,学演《张三借靴》中的张旦。后来还陆续学了一些戏,都忘得差不多了,唯初学的《张三借靴》还记忆犹新。这是一出反映市民心态的小戏,语言诙谐,情节荒诞,对吝啬的土财主的讽刺入骨三分,深受观众喜爱。

当时还有文化课。根据学员在小学的学习情况,分甲、乙两个班,甲班学初中语文,乙班学高小语文。还设美术课、书法课,意在提高学员的综合素质。

学员的生活，基本实行供给制，吃饭管饱，发牙刷牙膏，剃头也是包好的店铺，一月还发两元零用钱。这在当时困难时期，条件已是非常优越的了。不少学员就是冲着能吃饱饭进徽剧学校的，家乡的糠饼实在咽不下去了。当时有一首大概是歌颂公共食堂的歌曲，恰好反映了我们徽剧学校的生活，至今还记得清清楚楚。那歌唱道："吃饭不要自家烧，吃多少盛多少。吃菜不要自家炒，这边青菜豆腐汤，那边毛豆炒辣椒。大米饭，香喷喷，吃得饱又饱，参加劳动劲头高。"

徽剧学校在县城东门，是由原董家祠改建而成。男学员住在祠堂后寝的楼上，又窄又竖的木楼梯，靠窗一排通铺。楼下是教室、后天井。隔壁是练功场。女学员宿舍在改建的享堂一侧，也是统铺。崔师傅每天一早便连声喊着："起床了！练功了！"冬天，男学员往往要赖床铺，崔师傅有时在楼下用棍子敲着楼梯催促，有时还得亲自上楼，大声吼着甚至要用棍子挑被窝才起床。我们那时真想睡，早晨起得早，晚上又要观摩看戏。那时几乎每天都演出，观众不多，剧场后半截的长椅子基本是空的，我们就在后面的长椅上看戏。看着看着就睡了，经常戏演完，观众走光了，我们几个就在剧场里一直睡到天亮。说来好笑，当时学员还经常尿床，太累了。又不好意思拿出来晒，垫絮不到一年就烂出一个洞。记得有个男学员更有趣，晚上不愿下楼拉尿，就用一个旧热水瓶当尿壶，挂在床头，好在一天到晚没人在楼上喝水。

徽剧学校开办时间虽然不长，后来也没招生。但这种突击式的集中培养徽剧新生力量的做法，确曾取得明显效果。短短的两三年时间，徽剧学校学员基本掌握了徽剧的表演程式和技艺，基本掌握了徽剧各行当各种板式的唱腔，还排练了许多具有徽剧特色的折子戏，大体继承了徽剧的艺术风格和表演体系。后来徽剧学校学员单独组成徽剧团第二演出队，又排演了好几台大型传统剧目，数月坚持深入农村演出，既为学员增多了舞台实践的机会，同时也取得了可观的经济效益。徽剧学校的不少学员后来成了徽剧团的主要演员，挑起了大梁，为徽剧艺术的传承作出了贡献。

2006年，婺源徽剧已获准列入国家第一批非物质文化遗产名录，但遗产的保护，责任更重于荣誉。如今，婺源徽剧艺术濒临失传、后继乏人的状况，比上世纪50年代还显窘迫。古老的徽剧艺术还在呼唤,呼唤传承、大传承……

虽说离开舞台多年,但舞台的记忆与情结总还是萦缠于脑海挥之不去,少年学艺的经历太深刻了。记得一位离别多年的小时伙伴邂逅相逢,曾道出了众多老剧团人的感受。她说不知为什么,离开剧团这么多年,做梦还常常回到小时在剧团的生活中,梦到下乡演出,梦到在草台上练功排戏。2006年婺源县徽剧团举办建团50周年庆典,150多名曾先后在婺源舞台上匆匆走过的新老同事相聚重逢,回首往事,不禁感叹岁月沧桑舞台多变,一声声唏嘘不止。

婺源徽剧舞台上,曾表演过多少影响深远的徽剧经典剧目,展示过徽剧历史的多少辉煌!婺源徽剧的舞台下,也演绎了许多喜怒哀乐悲欢离合的人生活剧!旧时徽剧艺人,"上台一团火,下台一炉灰",社会地位低下,生活漂泊艰难。新中国成立后的徽剧工作者在政治上无疑是大翻身了,历届的县人民代表大会、政治协商会议中几乎都有徽剧演员的代表,生活上包括养老病死都有了保障。但婺源徽剧在社会变革和体制的变化中,在多元文化和新兴传播技术日新月异发展的浪潮中,仍不可避免地要受到一次次无情的冲击。生活在各个时期的新老艺人们,则往往要随着婺源徽剧的兴衰而兴衰,个中滋味,只有知者自知。婺源徽剧,婺源徽剧发展史,蕴含着多少人的青春奉献,又牵连着多少人的慕爱和割不断的情感。

说实在的,我从少小进剧团到"文革"剧团解散,又重入剧团到再度离去,前前后后在剧团也混了21年,但从未想过要把婺源徽剧来个系统的整理,更没想到要把婺源徽剧的渊源、徽剧的艺术特色道出个子丑寅卯。真的,没想过,也确实知之甚少。是2005年国家级非物质文化遗产的申报工作,命我重新审视这熟悉而又生疏的婺源徽剧艺术,去探寻那曾为之欢笑为之愁的婺源徽剧的源流,去回忆那些亲身经历或没经历过的与徽剧传承相关的人和事。去找史料、访同事,按照国家对非物质文化遗产申报的要求,从头了解,重新学习。

感谢徽剧团建团初期那些知名和不知名的婺源徽剧前辈,是他们口传笔录,抢救整理了数百出传统徽剧剧本,记下了众多的徽剧唱腔曲牌,奠定了婺源徽剧研究的基础;感谢上世纪80年代后期县文化局戏曲史编写组潘秋江等诸位同仁的辛勤劳动,是他们将"文革"破坏散失的徽剧资料重新收集、整理,同时对婺源徽剧的渊源、剧目、唱腔等方面的资料又进行了研究考证。很难想象,没有这些前辈们前期的大量工作,要在较短时期内完成婺源徽剧的国家级非物质文化遗产申报工作,几乎是不可能的。有些史料的抢救,如同徽剧艺术的保护和抢救一样,是稍纵即逝无法挽回的。不少徽剧史料随着早期艺人的离世,已永远消逝了。

2006年,婺源徽剧终于获准进入了国家级非物质文化遗产保护名录。能够进入这一高端保护的行列,不容易!但谁都明白,获得"非遗"资格,不仅仅是对婺源徽剧艺术价值的肯定,更是赋予当今一代人对婺源徽剧应负的责任。以婺源徽剧获准"非遗"保护目录为标准,国家层面的保护令已经发出,遗产归属地的婺源人更应切实负起责任,不辱使命。

六、戏俗·戏台·戏联

婺源徽班的演出习俗,与当时徽州社会长期形成的风尚、礼节、民俗等历史文化环境有关。婺源旧时戏班的习俗主要有"写戏"、"点戏"、"跳魁星"、"小旦敬酒"等。

"写戏",即徽班每到一地演出之前,班主先派人到各地与村子里的戏会会首接洽,商定演出的相关事项,订妥演多少本,一天一晚为一本,连演三本即有一晚通宵演出的"天光戏",连演五本即有两夜"天光戏"。此举俗称"写戏"。

"点戏",即戏班开演之前,由管事把该班能演的剧目写在一个纸折上,请当地戏会会首挑选、点定。头一晚点的戏目一般都要"出天官",即有昆戏中的《天官赐福》,或者有《齐天乐》《万花献瑞》《大财神》《九老八仙》等祥和吉兆的戏开台。以后才点正戏,正戏头晚第一出多点《满堂福》,如果是祭祖活动则多点《百忍图》,或者是《九赐宫》等吉祥戏。点第二晚的戏,就不必如此苛刻了。

"跳三出头"(魁星、加官、财神)。戏未上演之前,戏会会首要打大锣、吹唢呐到庙里把境主神牌位迎进戏场(早期

祠堂戏台的斗拱、梁柁、雀替、额梁上多雕刻着人物戏文、花鸟虫鱼等图案

的徽班内台还供有老郎菩萨），安置在戏台对面最高点看戏。戏台上也随之鸣放鞭炮，吹先锋，打闹台。如果是天光戏，就要打文武闹台，即加曲牌伴奏，且加时很长。闹台之后，先"跳魁星"。扮演魁星的演员头戴面具，左手拿方斗，右手拿木笔，手舞足蹈。走后甩步，到舞台右边，台后演员念着"魁星到华堂，提笔写文章"；又跳到左边，后台演员念"来年生贵子，必是状元郎"；最后来到台中央，提笔向空中点三下，后台演员同时念"一点状元，二点会元，三点贡元"，表示文魁星将为人们带来好运。

接着"跳加官"，即由一个头戴相盔面具、身穿大红蟒袍、手拿朝笏的演员，跳着天官步，将备好的红绿黄蓝四色条幅先后呈现给观众，条幅分别是"当朝一品"、"天官赐福"、"指日高升"、"四季平安"。

紧接着是"跳财神"，财神头戴神盔，身穿黑蟒袍，手托金元宝，手舞足蹈，以示招财进宝。财神进台后，是出"封赠"，即由小生扮演《苏秦六国封相》片段，叩头谢恩。接着是《拜团圆》，两个穿大红官衣、帽插金花的人以状元及第饰相，走到台前，一言不发，先拜天地，后拜祖先，夫妻交拜，退进洞房，以兆"百年好合"、"白头到老"。如果遇上富商绅士家有喜庆，班主还要组织演员登门"打八仙"庆贺，吹唱伴奏内容随需要而定，祝寿吹唱"八仙庆寿"，生儿子吹唱"张迁送子"，最后讲些祝贺语，领取红包回戏台。

此外，还有"小旦敬酒"的俗例。旧

老郎菩萨是旧时徽班的职业神,平时供奉在后台,过把时由三花演员背到另一村

时农村到家庙祭祖时,要邀请戏班唱大戏。演出前或天光戏的中途,饰演小旦的演员喜庆打扮,手提银酒壶,后面跟着一个托着茶盘的丑角,随着海笛吹奏《梳妆台》等曲牌,一起走下戏台。台下设酒宴,按辈分就座,长辈、士子居首位,小旦依次向正在喝酒的观众敬酒,受酒者欣欣然,当即将事先备好的彩金红包放入茶盘。小旦敬酒完毕,施礼致谢后上台。

过去的戏班,每到一座新的戏台上演戏,在演出之前,都要举行"开新台"(或称"踩新台"、"破台")仪式。开新台时,由武净饰灵官,上场后挥舞宝剑,撒盐米、烧冥纸、放烟火,以求地方平安、演出顺利。

有一年,上坦村建新祠堂戏台时,请"仙舞台"戏班去"开新台"。祠堂的正梁披红挂彩,并用铁丝网住,用铁链锁牢;戏台上摆着香案,台前并排摆了五个碗,碗里分别摆一只鸡蛋。五个演员扮着"五猖",即东、南、西、北、中五方鬼魂,打着火把,舞着钢叉、锁链、木牌从各自方向跳上台来。用钢叉把碗和鸡蛋一起打碎,然后在台上窜弄一番,再跳下台去,进行"驱鬼去煞"。

接着,一位身穿八卦衣、头戴道士帽的老生,挥着宝剑走向台中。先用宝剑向四方挥舞,而后在正壁上画符。紧接着一位身穿红蟒、脚踩高跷的旦角上台,先将台上摆着的三块瓦片踩碎,再跳"女加官"。

接下来,有两个头戴红帽、身穿彩裤的"小鬼"上台,手托一只盆,把台上

汪口村中新建的戏台

的瓦块、碗片扫进盆内,递给台下等候的东家,由东家将盆内的杂物倒进河里。随后,由演员扮作三只眼的菩萨王灵官扫台。王灵官左手执七节鞭,右手举火把,在下场时口吐焰火,满台烧得通红。

最后净角扮演的"姜子牙"上场,开始唱《渭水河》,以示周朝创业八百年,意喻祠堂戏台千秋永固。

"开新台赶鬼"这套仪式结束,才演正戏。否则观众不敢来看戏,演员也不敢演戏,说是怕新台不干净,小鬼来捣蛋,翻跟斗的演员尤其心存疑虑。

婺源看戏还有诸多规矩。祠堂内看戏,正堂与两廊分头层、二层、三层,规定第三层专供妇女、儿童看戏,男人不准入内;正堂与两廊的最前排放有千斤

凳,专供60岁以上的老人看戏,年轻人不准入座。男性青壮年只许站在天池中间看戏。

"徽俗最喜搭台看戏。"婺源各地举办庙会,除酬神祭祖的内容外,都要搭台演戏,如正月十八的"汪帝会"、二月的"华佗会"、四月的"浴沸节",还有庆源、庐坑的"三月三",清华的端午戏,中云的九月重阳戏,一年四季都有节庆要请戏班。一次演出持续的时间通常不少于三天,有时一地演出甚至超过五天七天。乡村演戏是一件喜庆的盛事,出嫁了的年轻妇女要回娘家,四乡八坞的亲戚朋友要相互邀请。戏班一进村,戏台前就摆满了各家各户端来的木椅子长板凳,选好最佳的位置。

"段莘十八"祭祖,从农历正月十三

请戏班开锣唱戏,一直持续到二十三结束,前后持续达 10 天 10 夜时间。这是段莘最大的盛会,有的人家早在几天前就向各地亲朋好友发出邀请。演出场地在段莘大祠堂崇义堂,演出剧目主要是徽剧和目连戏。每天演戏 20 出,剧目文武戏搭配,日戏 10 出,夜戏 10 出,10 出戏中有 6 出是连台本戏,4 出是小戏杂曲。并规定其中两天专演保寿保痘的"人丁戏",即为保佑老人多福多寿日、保佑婴孩出痘出麻顺利日。这两日不演杀人戏,不演花脸戏。

婺源乡村还有"罚戏"的习俗。对触犯村规民约中有关禁赌、禁山的肇事者有一种特别的惩罚,就是罚戏,命肇事者掏钱请戏班来演戏,让全村以及周边的村民都来看戏,扩大影响,以示惩戒。清华洪村"光裕堂"宗祠外的围墙上,至今还保存着一块清道光四年五月公立的"公议茶规",就明确将"罚戏"作为违反茶规惩治办法。公议茶规称:"合村公议演戏勒石……凡买松萝茶客,入村任客投主,入祠校秤","凡主家买卖,客毋得私情背卖,如有背卖者,查出罚戏一台,银五两入祠,决不徇情轻贷。"

思口樟村现在仍嵌刻在旧墙上的两块禁山禁河的石碑上,也有"罚戏一

清华洪村祠堂前的"公议茶规",就有"罚戏"的条文

阳春古戏台

台"的内容。

婺源旧时各村落都建有戏台,因多是独立的建筑,俗称"万年台"。有的村庄节庆时,还在村外空旷地搭临时戏台,称"草台"。乡间戏台多建在宗族祠堂的前进门厅处,与享堂相对。

婺源现存保护完好的古戏台,当属位于镇头镇的阳春戏台。该戏台建于明代嘉靖年间,砖木结构,坐落于方家宗祠大门口内的前进,面向享堂。戏台宽10米,进深7米,高8米,占地面积近90立方米,可容纳观众四五百人。戏台上屋为大木榫卯组合建筑,飞檐戗角,16个反翘式飞檐左右对称,梁架角科斗拱。戏台前明枋上,雕刻有"双狮戏珠"

的图案。戏台高1.7米,由8根方柱、26根圆柱支撑。布局较独特,前台设置有8门(正面4门,台侧左右各4门),方便演员同时出入。从后金柱到前金柱架有粗梁,一直悬挑到前檐,前端承托左右的枋子和檩条,将前檐明间两根柱取消,使戏台中间变成一大空间,十分宽敞。中有照壁,后台略小于前台,次间呈八字形,左右有抱鼓各一。该戏台后台即是方氏宗祠的前进门厅,搭了戏台后大门一般不开,走两侧边门;戏台也可拆卸,也可重新安装,演戏时搭设,有宗族祭祀等大型活动时便拆除,开宗祠大门通行。

阳春戏台最精彩的部分是前台顶

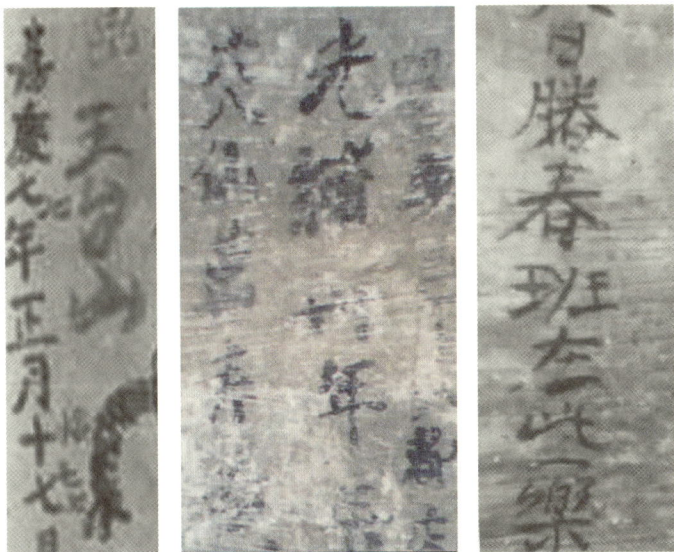

清华梅泽村祠堂门侧上方仍保存着古代戏班留下的许多珍贵题墨

上的"藻井"。圆形尖角藻井,层层重叠,外形美观,结构牢固。所谓藻井,原为宫殿、坛庙、寺庙等主体建筑中顶部中央的一种"突然高起,如伞如盖"的特殊装饰。汉时《风俗通》称"今殿做天井,井者,束井之像也;藻,水中之物,皆取以压水灾也。"最初的藻井,除装饰外,有避火之意。后来人们在使用的过程中,又发现了它具有吸音和共鸣的物理特性,便将这一工艺用在戏台的建筑上。阳春戏台总面积共50平方米,是目前保存较完整的古戏台之一。

阳春古戏台后台粉墙上记录了众多戏班在此演出时留下的题墨。婺源各地的古戏台、祠堂的粉墙上,都有当年戏班演出留下的记录。这些似乎信手写下的题壁,多为只言片语,文字简略,一般只记时间、戏班,有的也逐一记录演出的剧目,为后人研究婺源地区戏剧的交流提供了直观的资料。

清华镇梅泽村戴氏宗祠大门口上方的粉墙上,也有密密麻麻的题墨。此处恰是拆卸式戏台的后台,虽然粉墙石灰多处碰落,题墨字迹模糊,但仍可看清这样一些记录:

同治八年八月十五日胜春班在此一乐

同治十年四月十八日胜春班在此

清同治十年四月十八

五台山八仙
大清光绪十年四月十九日到此
光绪三十年大八仙青庆春班

戏班进村演戏,是乡间盛事。演出前,戏台两侧柱上都要张贴大红对联,也称贴戏联,渲染喜庆热闹气氛。这习俗一直延续到上世纪七八十年代,只是戏联的内容随着时代的变化而不断变化。旧时的戏联多为乡间名流拟文撰写,既有乡土气息,又饱含文化底蕴。如江湾"目连戏"台上有一副戏联,就很有趣味:

顺天康民雍次乾道嘉千古;
治国熙朝正是隆光庆万年。

戏联巧妙地把清代顺治、康熙、雍正、乾隆、道光、嘉庆六个年号都嵌入其中。显然,这副戏联是嘉庆年间所写,说明清代中晚期目连戏等地方戏曲在婺源民间有着广泛的市场和影响。

留存婺源的戏台楹联,还有不少是出自曾登科及第的婺源骄子之手。如赋春冲田的齐彦槐,是清代科学家、诗人,有《梅麓诗抄》等百余卷著作流传于世。他晚年退居婺源时,冲田一次演目连戏,村中父老请他为戏台写一副楹联和匾额。齐彦槐欣然应允,匾额以《三字经》中的文句挥毫泼墨写道:"别善恶。"目连戏是因目连僧救母的故事而得名,正是扬善惩恶,乡亲父老点头称好。齐彦槐接着书写对联,上联是"吃素便登仙金针木耳无价宝",下联是"开荤入地狱咸鱼腊肉不值钱"。目连的父亲傅相一生广济孤贫,斋布僧道,升天后受封,目连的母亲刘氏青提(又叫刘四娘)不敬神明,开荤破戒,死后被打入阴曹地府。对联则是针对目连的父母上天堂入地狱不同的命运有感而发,寓意深刻,又通俗易懂。

齐彦槐还曾为清华镇花园村题写过目连戏联,他以当地实景结合戏文写了下面这副对联:

若要开荤,隔壁就有屠店;
如真发誓,此地即是花园。

婺源乡间这样的对联故事很多。1982年全县开展文物普查,就找到了一些流传民间的戏联手抄本,这些戏联不仅反映了婺源民间浓郁的乡土文化,而且对研究婺源地方戏曲的流传和影响很有参考价值。

婺源戏联很多，如桃溪村的演戏联：

何必名部梨园，但令孰可勤，孰可惩，孰可激发，——曲肖真情，略施扮演以登场，也使顽廉懦立；

趁此酣歌桃渚，且喜若者生，若者旦，若者丑净，人人各呈妙技，倘进秀良而为士，会看霞蔚云蒸。

戏联以戏的类别还分为"目连戏联"、"穰火戏联"、"求嗣戏联"，又以演戏的季节分为"元宵戏联"、"清明戏联"、"端午戏联"等。

如江湾"目连戏联"：

强盗修心，劝男子勿迷末路；
金枝割舌，戒妇人莫使冷言。

立身杜浮言，多事皆因半句话；
开荤不吃素，一被竟盖两样人。

阿弥陀灵照十分驱尽诸般妄鬼；
傅长者身虽再世谁怜几许贫人。

圣功排异教典重纲常出家灭伦难称孝子；
国治禁长斋礼隆轩脍感恩茹素岂是良民。

庙会祭祖酬神，除搭台看戏，还有村民参与扮演的地戏

荷田村"目连戏联"：

佛法无边飞锡度开千丈地；
孝诚有感救亲直上九重天。

汪口村"穰火戏联"：

邻乞有新烟突决小惊即借笛声吹散；
社赓无别调堂赠多佑都随千影辗临。

荷田村"穰火戏联"：

凭玉枕以环居祥钟大社祷此后寿庆人康礼合抬弥间里迎麻宣德泽；
对屏山而萃处地隶新城趁今朝麦黄秧碧阴清首夏声歌雅奏浣花天。

流厉忍为残苍生何辜真宰上诉天应泣;

主巫丕有责众妙既祷灵丹下济人不知。

桐木岭村"穰火戏联":

休一社之休祥人歌安吉户庆盈宁藉芰荷十里香浮咸阳圣德;

溯廿年之旷典韵叶倚桐因谐石木凭霓羽百般调啭爱颂神麻。

汪口村"元宵戏联":

玉烛长调天不夜;
金吾罢禁世升平。

千门烟火笙歌里;
五夜楼台锦绣中。

江湾村"清明戏联":

柳烟低缠麦浪遥翻偕彩袖蹁跹点缀残春景色;

羽笛初传莺簧屡啭维新声嘹亮宣扬首夏清和。

翻成音律今犹古;
传出声歌假亦真。

清调回风风送韵;
歌声逐月月留人。

桐木岭村的"端午戏联":

木本水源数百载,松楸当共言而勿替;
支分派别几十行,桑梓咸各警于将来。

汪口村"端午赛龙舟"戏联:

活泼泼柳渡双溪从赡水马飞兔舞袖便媚夹芹彩旗穿丽月;

响铮铮琴横一案共话龙舟夺锦临波笑脸声扬美德引薰风。

秀水景何奇飞兔锦浪清千叠;
薰风歌自古玉笛梅花叶五弦。

艾虎高悬气祛两市;
蒲蛟驮逐锦夺双河。

葴律奏薰风,愠解何须缠五色;
骚情寄流水,曲终犹似忆三闾。

始奏花落梅听瑶琴始谱玉笛始调嗣是律继癸宾溯所自始;

初看榴照眼际虎艾初悬龙舟初渡从此彩夺标锦靡不由初。

婺源乡间还有"茶忙戏联"、"求嗣戏联",语言朴实,饶有趣味。

如荷田村"茶忙戏联":

出言无戏,恰好戏来且做几台戏看;
有事难嬉,相邀嬉去也偷数日嬉闲。

汪口村"求嗣戏联":

同是一刘邦,先贫后富;
联生双贵子,昨夜今宵。

县城"浴佛节"也有戏联:

选佛场开祭单闲年华又教星诸群伦或歌且舞;
迎神曲奏聆伽陀鼓吹须悟莲台妙缔是色皆空。

灌顶露同甘五香水酿成功德;
启唇樱比滑一串珠贯出牟尼。

婺源乡间还有一种校正度量器的会戏,称"校桶戏"。汪口村有"校桶戏联"留存:

以信义作权衡莫价无欺贵贱高昂归置一;
使菽粟为水火丰歌有兆管弦系竹渡春三。

还有"禁戏联"。婺源农村各地都有诸如禁山、禁赌、要求公买公卖等乡规民约,对于违反规约的人则命其请戏班来演戏作为惩罚。"禁戏联"实际是"罚戏联",是对违反规约者罚戏演出的戏台对联。如桐木岭村的"禁戏联":

申禁有明条看今朝演古重台莫把作快意适观,歌像德舞像功远溯遗规遵法守;
献身初届节缅尔日敛龆击鼓非徒怅春游胜景,半斯祈社斯会恩铭旧里普仁声。

桃溪村演戏禁偷桂子、茶叶联:

一个不取诸人,趁斯时丹实未成,好借笙簧申禁令;

婺源徽剧进景区演出

万物各有其主,待异日红梢满结,须知瓜李避嫌疑。

清风飘拂老矣,春光劝妇子行止端慎,勿取非其有;

嘉卉栽培垒然,秋实俏丁男嫌疑勿避,须知法必惩。

旧时婺源农历四月初八要举办庙会,这天还要请戏班演戏,热闹空前。县城近郊汤村街的"四月八戏联",就记叙了庙会戏台上下的热闹景象:

出城北门逶迤而来,二三里龟鼓相闻,喜卤簿经行,犹是太平歌舞地;

送江南春荏苒已去,四八节龙华续会,听霓裳按谱,恍疑同咏大罗天。

参考文献

1.民国《婺源县志》。

2.《婺源县志》,婺源县县志编纂委员会编,档案出版社出版,1993年。

3.《中国戏曲志·江西卷》,中国戏曲志编辑委员会,1998年。

4.《中国戏曲志·安徽卷》,中国戏曲志编辑委员会,1993年。

5.《中国戏曲史话》,刘士杰著,上海文艺出版社,1995年。

6.《花语弥天妙歌舞·徽州古戏台》,陈琪、张小平、章望南著,辽宁人民出版社,2002年。

7.《婺源戏曲史(内部资料)》婺源县文化局编印,1987年。

8.《中国最美乡村的戏曲——婺源徽剧音乐研究》(学位论文)林宇2009年。

9.《婺源历史文化旅游丛书·名人撷英》之附录:《婺源历代进士名录》,胡兆保著,中国文联出版社,2009年。

本篇作者简介

◎**何柏坤**　　男，1945年9月生，江西婺源人，中国舞蹈家协会民族民间舞蹈研究会会员，中国民俗摄影家协会会员，江西省摄影家协会会员，上饶市曲艺家协会理事、群众文化学会会员、戏剧协会会员，婺源县戏剧音乐舞蹈家协会顾问，江西省第一批非物质文化遗产项目(婺源傩舞)代表性传承人，政协婺源县第七、八届委员会委员，原婺源县文化馆副馆长。

　　傩舞是远古时期举行"驱鬼逐疫"祭祀仪式时跳的一种舞蹈。它源于原始巫舞，孔子在《论语》中就有"乡人傩，朝服而立于阼阶"的记载。

　　婺源傩舞，俗称"鬼舞"或"舞鬼"，又称"舞鬼戏"。民间传说：新春跳傩，村里家家平安，五谷丰登，六畜兴旺。他们认为跳傩既能禳灾祈福，又能表达人们追求美满幸福生活的愿望。加之多在春节期间表演，群众喜闻乐见，因此久演不衰，流传至今。

　　婺源古代是个"山阻而弗车，水激而弗舟"的闭塞山区，傩舞受外面影响极少，犹如一块埋在深土中的"璞玉"，其节目和艺术表演上仍保留了原有的古朴、粗犷、简练、夸张、形象、传神的独特风格。

　　婺源傩舞，曾于1953年赴北京参加"全国首届民间音乐舞蹈会演"。1986年以来，婺源傩舞资料先后载入《中国民族民间舞蹈集成·江西卷》《中华舞蹈志·江西卷》及日本木耳社出版的《中国汉民族的仮面剧》等专著。2005年傩舞节目《追王》《孟姜女送寒衣》《丞相操兵》参加"中国·江西国际傩文化艺术周中外傩艺术展演"，分别荣获"金奖"和"优秀表演奖"，2006年婺源傩舞被列入国家第一批非物质文化遗产项目名录。

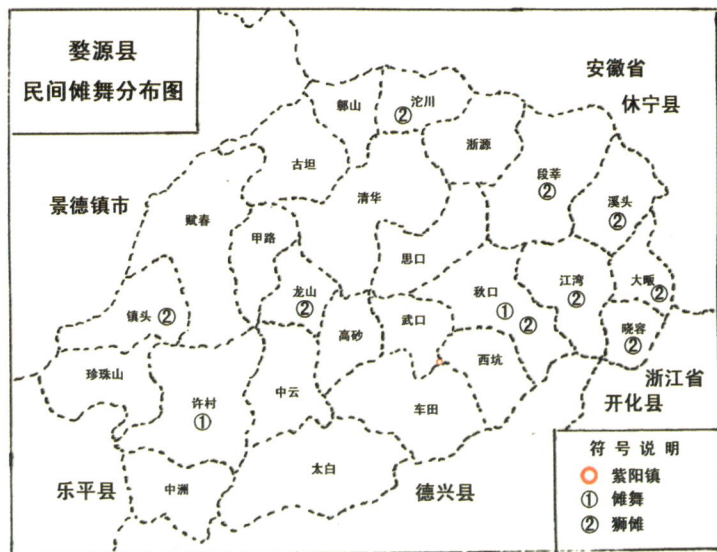

婺源县
民间傩舞分布图

符号说明
⊙ 紫阳镇
① 傩舞
② 狮傩

一、婺源傩舞历史沿革

傩舞在婺源流传甚广,历史上曾有"三十六傩班,七十二狮班"之说。其中狮班除少数只舞狮不跳傩外,大都既舞狮又跳傩,狮傩同演,俗称"狮傩班"。分布在中云镇龙山坑头村,镇头镇游山村,许村镇的汾水村、秋口镇的长径村、李坑村、金竹坑村、江湾镇的江湾村、旃坑村、古蜀地、栗木坑村、大潋村、段莘乡的庆源村,沱川乡的理坑村、溪头村等地。其中秋口镇的长径村和段莘乡的庆源村两处节目最丰富,表演最精彩,保留较完整。

秋口镇长径村的班子称"驱傩神班",现已专跳傩而不舞狮。传说长径村傩传入时也有狮有傩。为什么现在只跳傩而不舞狮呢?说是长径村与金竹村原是兄弟俩,他们都认为狮子是正派属神,而傩是邪派属鬼,所以兄弟俩都争着要狮子不要傩,怎么办呢?双方商量结果是将狮、傩面具一块放到一丘烂泥田里,兄弟两人赤脚穿草鞋着长裤同时下田去抢,谁先抢到狮子就得狮子,抢不到狮子就拿傩。第二天按计划选择了一丘烂泥田,将狮傩面具安放在田中

央,待口令一响,兄弟俩各自拼命往前跑。说来也怪,一转眼功夫,狮子就被金竹村人抢走了。没办法,长径村人只好捧着傩回家了。这到底是怎么回事呢?原来兄弟俩在出发前各自都做了一番思考和准备,长径村人想:穿草鞋,着长裤在烂泥田里跑,草鞋最容易陷到泥里,如果鞋掉了再来穿鞋的话,时间就来不及了,于是他便将鞋带系得特别紧。而金竹村人想穿草鞋,着长裤在污泥田里跑,裤子一定容易脱落,到时引起人们哄堂大笑就不好了,于是他们将裤带系得特别紧。但是一下田问题就来了,长径村的这位老兄鞋带系得特紧,在烂泥里被烂泥吸着跑不动,长裤又被污泥裹着往下掉,更是没办法跑快。而金竹村的这位兄弟一下田,没跑几步草鞋就被淤泥吸到田里去了,于是他干脆甩掉草鞋光着脚板,为掩人耳目,巧妙地用长裤遮着脚板,加之泥巴糊着,就像穿了草鞋一样,摆脱了草鞋的羁绊,所以他跑得特别快,抢先得到了狮子。为此,长径村就留下了"紧裤带松草鞋"的这段佳话。

长径村

关于长径村"驱傩神班"的创立时间，该班老艺人胡振坤（1931—2007）、程长庆（1932年出生）、程士金（1904—1986）等人都说：明朝嘉靖壬戌年（1562），长径村程姓中出了个进士，名程文著，在外地做官，后升为陕西苑马寺卿，是他从陕西带回了"鬼舞"。民国《婺源县志》卷二十四《宦绩》上记载："程文著，明嘉靖四十一年进士，历任永嘉令……后升陕西苑马寺卿，以疾乞归……"直至"文革"前该村村头还竖有程文著的"苑马坊"，系明代所建。

段莘乡庆源村属"狮傩班"。据老艺人方银盛（1919—1997）介绍：庆源狮傩班是清世祖顺治己亥年间詹养沉创立，詹养沉外号"詹美人"（庆源村人），他当翰林时因出错了考题，被皇上从京里以竹竿弹出城外，给以全尸。但詹未死，回乡时从京城带回了"鬼舞"。民国《婺源县志》卷十五上载："詹养沉，清顺治十

六年（1659）进士……因主考官出错考题（'邾国'错为'邾人'），詹为副考官，同时罢官回里。"传说当时带来的共有三个班子，一名"天子八班"（属庆生案），一名"诸侯六班（属人寿案）"，一名"大夫四班"（属香积案），（"案"是指某一神祇，而各班又专为各自的神祇祭祀傩仪）。此三班又分别称为"铜"、"鬼"、"狮"班，艺人方银盛就属大夫四班。后来铜班失传，"鬼"、"狮"两班便分别改名为"万顺班"和"仁和班"。据安徽省休宁县茗洲村吴氏明代文献《茗洲吴氏家记》载："正统十四年（1449）社中仪，首春行傩人，婺源以香头角抵之戏，皆春秋首酿米物，酬与诸行傩者，遂为例。"可见婺源傩舞最迟在明代就已盛行。

龙山坑头村也有类似传说。村中老人潘发兴（1914—1990）介绍：坑头村的狮傩班是本村人潘珍于明嘉靖七年（1528）任兵部左侍郎，后褫职返乡时带

来的。民国《婺源县志》卷十五上记有："潘珍（明）弘治十五年（1502）进士。""文革"前村头还有潘珍的石牌坊。

江湾镇旃坑村狮傩班，1985 年民间舞蹈调查时，据 72 岁老人江村付谈，传说是梁武帝登基后传入的。

《婺源县志》等史书虽无傩舞活动的明确记载，但从众多传说及调查资料来看，有两点无疑是共同的：其一，当地鬼舞是某朝在外为官的本村人从京城或某地（陕西）带回来的，而这些官员都是婺源历史上的人物。其二，传入时代有先有后，除段莘庆源村较晚（清顺治年间）外，其余均在明代。随着民间舞蹈的普查、挖掘工作的不断深入，又有了几点新发现：①狮傩画。据民间艺人介绍，一般均在起傩之日悬挂在狮傩庙中堂，供人们朝拜，行水收傩朝拜后再收藏起来。婺源狮傩画发现多处，据婺源县博物馆原馆长副研究员詹永萱（1929—1992）说，他在 50 年代在浙源乡庐坑村曾见过一张唐代傩画。又据潘秋江说，龙山坑头也有一张狮傩画，每逢春节舞狮时便挂在狮傩庙内，画上有许多人物。80 年代民间舞蹈普查时，江湾旃坑也说有两幅狮傩画。沱川理坑村以前也有此画，说是某年失火时房子、狮傩画一块烧了。②与汉长沙王吴芮来婺源扫墓祭祖有关。1992 年 8 月 24 日，在婺源剧院三楼文化局文管办公室，笔者与县文化馆老馆长金邦杰谈论婺源傩舞时，金老说婺源县傩舞属民间傩，其源远流长，远在西汉时长沙王吴芮屯兵军山举行祭山仪式时，曾告诫乡人以跳傩来平定妖势。婺源是吴王夫差长子吴鸿卒葬之处，吴芮是吴氏第六世祖子孙。因此，他常来祭祖和游览。同时婺源还出土了与吴芮有关的铜铣，上有"番汉兴"的铭文，而吴芮卒后又安葬在婺源石老山（鸡山），这对婺源傩舞的产生必有深远影响。并且谈到詹元相《畏斋日记》，康熙四十年鬼会神戏，康熙四十五年狮傩会神等内容。③舞猁。猁是祥瑞之兽，是狮虎猛兽之克星。传说是山越人用以辟邪逐疫时舞耍的一种舞蹈，后来演变成青狮，与傩舞共班同台演出。因此，婺源则有"狮傩班"之称。表演时有两个戴着笑脸面具的狮傩人，动作天真活泼，滑稽诙谐，十分逗人，因此人们将其称为"猁猁"。所以老辈人看到某小孩长得活泼可爱时，总说他像"猁猁"，这话一直在婺源民间流传至今。以上传说，笔者一时难以考证，将其录下以便后人研究婺源傩舞时做一参考。

二、婺源傩舞节目简介

婺源傩舞不仅流传广，而且节目多。段莘乡庆源村两个班就有 40 来个节目，秋口乡长径村 24 个，李坑村 10 来个……表现的内容也极其丰富，既有原始的表现迎神驱鬼的《搭架》《追王》，又有反映神话故事及民间传说的《开天辟地》《太阳射月》《孟姜女送寒衣》《刘海戏金蟾》《魁星点斗》《北斗星》，叙述历史故事的《丞相操兵》《关公磨刀》，模拟动物习性的《舞仙鹤》《猴子捉虱》，还有一些表现嬉戏玩耍和棍棒对打的《舞小鬼》《单棒》《双棒》以及模仿农耕狩猎动作的《耘田》《捉鸟》等等。从表演形式来看，独舞、双人舞、三人舞、群舞无不齐全，且多带情节，又着意刻画人物性格，意韵颇为深长。

长径村傩舞《开天辟地》

童子乌鸦

如长径村"驱傩神班"开场节目,独舞《开天辟地》,描写盘古氏在混沌中,手执巨斧开创乾坤,那种巨人的力量和英雄气概,塑造得很有气魄。《太阳射月》又称《射箭》或《太阳和月亮》,属双人舞。

相传在很久很久以前,有一对非常亲密友好的仙童,一天随太白金星出游,在天界边发现有两只小狗在跳跃玩耍,煞是逗人喜爱。太白金星对两个仙童说:这两只小狗就是你俩的化身,一个叫"太阳",一个称"月亮"。二仙童听后便议论开来,这个说:"我怕光,不当太阳,要当月亮。"那个说:"白天我怕羞,我也要当月亮。"两人相持不下,最后太白金星说:"我给你(指后者)七枚绣花针,谁若看你,你就用绣花针刺他的眼睛。"这就成了现在人们看太阳时感到刺眼的缘由。自那以后,太阳和月亮这对形影不离的好友便朝夕不得相见。该舞表演

分为四段:一是找月。太阳身背弯弓,匆匆而来,寻找月亮,时而挺胸捋须仰望,时而弯腰击掌到处寻找。月亮则右手执牌,左手提"竹盘"(以代云彩)腾云而上。两人相见后亲昵万分,相互戏耍逗趣。当云彩遮住月亮时,太阳急得作揖,求上天再给他们相聚。二是射箭。当月亮再次被云彩遮住时,太阳急得无法可施,便拿出弓箭朝云彩射去,人们误认为是射月亮,故有"太阳射月"之称,以除去云彩障碍。三是系月。当月亮再现时,太阳心想不能让他再跑掉了,于是解下腰带,要拴住月亮,他又怕绳子不牢,因此有搓绳子等情节。四是追月。月亮渐渐西下,太阳找不着月亮的踪影,于是弯弓射箭,朝着夕阳西下方向追一程,射一箭,射一箭,追一程……

舞蹈情节含意相当隐晦,有人认为高度概括了阴阳之说。舞蹈基本动作有"找月"、"拜揖"、"攀亏"、"射月"、"摸胡点"等。

又如群舞《孟姜女送寒衣》,描写孟姜女身背寒衣千里寻夫,途中历尽千辛万苦,感天地,泣鬼神。一路上得到"土地"、"乌鸦"、"夜叉"的帮助和护送,终于来到长城。得知夫亡后,撞死于长城。该节目与众不同之处有三点:

第一点,有唱有舞,歌舞结合,唱词之一:

系住(捆住)、肩担(指包袱)、裹皮(皮袄)、御身(防寒护身)。世事恨虞(怨情欺诈),为难于我。

唱词之二:

童子乌鸦(称乌鸦为天仙童子)。你本是有功无言(赞赏乌鸦带路有功,但不表白自己)。我寻夫在前,率我寻夫你在前,呀哈、呀哈(衬词模仿乌鸦叫声),心记尔多跟前,多多跟前(要乌鸦用心记住,时时飞翔在我的面前)。

孟姜女为了感谢乌鸦为她引路,将自己唯一的一块白手帕围在乌鸦的颈脖上,这是后来被人们传说成乌鸦为什么脖子上有一圈白羽毛的根由。

唱词之三是:

这只乌鸦,跟前问路,可把哥难,随之天涯。

第二点,有特定的曲牌和锣鼓经,以曲笛和旺锣伴奏,正为唐代孟郊《弦歌行》诗所述"驱傩击鼓吹长笛,瘦鬼染面唯齿白"。这个舞蹈的存在,也证实了傩舞向傩戏转化存在一个中间发展阶段。正如朱熹在为"乡人傩"作注时所说:"傩虽古礼,而近于戏。"

第三点,妮行步。孟姜女的舞蹈动作形态,一反傩舞动作的刚健、有力的风格,尤其是孟姜女行走的"妮行步"更

傩舞《土地巡逻》

为独特。舞蹈风格柔雅缓慢,美而含蓄,十分准确地塑造了一个古代女性的柔美。从孟姜女一迈步起,就让人感到一位楚楚可怜的古代女性,为了寻夫,哪怕路途遥远,也要边赴边塞,用三寸金莲一步一步丈量完。这一千古绝唱的悲剧美仍然震撼着现代人的心旌。

三人舞《饮毒酒》又称《判官醉酒》,表现三人饮酒后酒醉发作的各种形态,个性鲜明生动,尤其是那种狂饮的豪放情感,表演得真挚细腻。群舞则首推表现秦始皇长子扶苏之死的历史舞剧。该剧又名"舞花",由《夜叉打旗》《土地巡游》《丞相操兵》《饮毒酒》《送药酒》五个

傩舞《夜叉打旗》

傩舞《丞相操兵》

傩舞《饮毒酒》

傩舞《送药酒》

片段组成,各节之间既首尾相连,又能独立成篇。舞剧描写秦始皇死时,太子扶苏在上郡(今陕西榆林道及蒙古鄂尔多斯左翼地带)监蒙恬之军,扶苏之弟胡亥差丞相李斯假借慰劳将士之名,带着毒酒暗害哥哥,以达到他登上皇帝宝座的目的。舞蹈动作充分体现了"顺"、"沉"、"刚"、"颤"等风格。主要有"操兵步"、"上字架"、"中字架"、"下字架"、"捣药"、"摸肚"等。人物性格生动逼真,六路诸侯身穿各色服饰,左手执枪,右手舞绳鞭,排成各种阵式队列,蹲屈躬身,叱咤呼喊,遥相对舞,气势磅礴,场面十分壮观。《收场》即是长径村傩舞的第二十个节目,也是娱人节目部分的最后一个节目。该舞四个戴着长羽毛面具的演员,手持木棍,一边舞一边摆动着羽毛,走八面拜四方,而后一个接一个"收枪"下场,表示娱人节目结束,向观众致谢。

《搭架》《追王》是长径村"驱傩神班"最后两出"祛邪逐疫"的节目。《搭架》又名《叠罗汉》,该舞一反傩舞特征,八个演员全部不戴面具,其中一个小生打扮,身穿黄马褂,头戴小方巾,其余的七人穿一色花衣,头扎红布方巾,手持木棍,列队上场,一边走"圆场"一边喊(逐疫词),众人和之:

领：一条江（众人和"杀"），一个出来强一个（杀），东方铸铁（杀），西方出钢（杀），打造山河（杀），厉鬼瘟疫一扫光（杀）。

然后走"单锁链"、"双锁链"，喊完以后开始搭架。架分三层：下层四人，中层三人，顶层一人。为了保护演员安全，舞台外围有人"付衬"拿道具。这时顶层小生打扮之人双手合掌在胸，随着架子旋转一圈，以示"通神拜请"。而后，上层、中层的人骑在下层四人肩上，手持三角小旗做"旋转莲花"、"天桥"、"双桥"动作，以示神灵通道，迎接神灵降临。

紧接着就是《追王》。该舞是一出场内外相结合，驱邪消灾、祈求平安的一种"送阴气，司大傩"形式的节目。首先，在演出场地（以前是在程文著众屋屋基地上）设神案，摆供品（糕点、月饼、水酒等），点香烛，案上放八十大王面具和开山斧（又称龙凤斧）。两位长者先作揖敬酒拜天地，然后八十大王扮演者，身穿蟒袍来到案前，然后作揖祭拜。嗣后，扮演者头靠在案上，由长者将八十大王面具给他戴上系好。戴好面具，扮演八十大王的演员便成了"神"。他手持开山斧一亮，走向前方着一个跨步动作以示上马，俗称"起马"出发。另一人手提"药

傩舞《追王》

傩舞《搭架》

祭拜神灵

炉"(内烧中药、皂荚）在前面引路，铛锣、小鼓、曲笛相伴，土铳三响，爆竹齐鸣，沿村边田野小径翻坡越涧急速奔跑，以示驱逐鬼疫。此时许多群众（多达百余人）在八十大王后面紧紧追赶，追上八十大王之人，便让其用开山斧在他头上鏨几下，以示祛邪逐鬼，灭病消灾，当年就会走"好运"。当八十大王沿村追逐一周回到演出场地或祠堂时，要在台前空地上正反跑三个圈，然后上台抓住一"小鬼"（由一演员头戴小鬼面具，身穿勇字红背心，预先在此等候)的衣领揿住，原地转圈，众人团团围住"叫好"（喝彩），众人和之：

福旺（众和"好"），说财大旺（好），新春以来（好），重出中堂（好），和合喜神（好），八十大王来收场（好）。一年四季（好），添进人丁（好），广进钱粮（好），老者多福寿（好），少者寿命延长（好）。寿比南山（好）、福如东海（好），龙生凤养（好），读起诗书（好），考晋升台（好），大比之年（好），一举登科（好）。做起经商买卖（好），一钱为本（好），万贯为利（好），多财进宝（好），满载而归（好）。种起五谷（好），五谷丰登（好），一籽落地

（好），百籽全收（好），多收担数（好），胜过上年（好）。种起牛痘（好），麻痘稀疏（好）。新造屋宇（好），泥炉做灶（好），人财两旺（好），万古千秋（好），看起黄牛水牸（好），朝放三更（好），夜归栏坎（好），头角安稳（好），四柱贤牛（好）。供起六畜（好），六畜兴旺（好）……土神进土（好），石神进石（好），凶神恶煞（好），百煞伏岁（好），豺狼虎豹（好），四山回避（好），手皮金甲（好），手指甲眉（好），门神香火（好），长生五帝（好），各归原位（好），家家户户尽行检点（好），放回天界（好）。

《追王》喝彩词由国家级婺源傩舞项目传承人胡振坤口述，原有一百零八句，因系民间艺人"口传身授"，而口述者年岁已高，有许多遗忘，加之没有文化，故词意顺序及文字记载多有出入，仅供参考。喝彩结束，台上台下群众纷纷涌向八十大王，求其用开山斧在自己头上鏨几下，乞求吉利消灾。最后由八十大王监押小鬼（锣鼓同行）到村头水口，从背后一斧将小鬼劈死，接着焚香烧纸，敲锣打鼓送往天界。

三、婺源傩舞演出习俗

婺源傩舞活动时间一般都在春节期间开始,至清明谷子下水前结束。但各班均有自己的规定,如长径村驱傩神班每年首场演出在农历十二月二十四日开始,在程文著的"堂屋"(各姓氏的分支宗祠)里进行。这场演出,傩班所有节目都全部上演,然后便举行"斗傩米"活动。

除夕晚上"跌珓"(旧时道教中一种决定行动的占卜形式)定时辰,时辰一到,便将"老郎菩萨"(同戏曲供奉的祖师)和八十大王等面具一起抬到上村的"崇福桥"亭子里摆好,焚香点烛,让过往的群众在大年初一朝朝拜,俗称"拜菩萨年"。初二朝在本村月池田内搭台演出一天,初三朝开始外出巡回演出。演出点和线路有"大河"、"小河"之分:所谓大河,是从官桥村开始到里蕉村结束,依次而行,共十五个演出点。小河则反其道而行之,从里蕉村开始至官桥村结束。至于当年该走那条线路也同样要"跌珓"问"菩萨",否则就不平安吉利。起程之日,他们还有一套常规做法,其中包括"起神"、"通神"、"祭神"、"落神"等。

崇福桥

过把

出村演出时，将面具箱子、行头等抬到崇福桥做"起神"，敲锣打鼓，烧纸钱，揿阳飞，放鞭炮，而后按规定顺序进村。进祠堂时，锣鼓要打"进门司"牌子。这时祠堂内上堂五面交椅一字排开，从左到右摆放乐器、锣、鼓、铛锣、钹、笛子，药炉放在五面椅中间的地下，等待出发。

"过把"（即从乙地起程到甲地去演出）时，路过村庄要敲锣打鼓。从长径村出发到官桥村演出，傩班人马列队前往，傩旗在前开路，锣鼓曲笛相伴，而后面具箱子及其道具，依次而行。到达官桥村水口时，就开始放爆竹，打锣鼓，直至进村入祠堂歇下。这时祠堂的上堂和下堂（即舞台前）都已摆好"神台"和祭桌香案等，傩班一到，即在祠堂上堂"神台"上摆上"傩神"面具。将六个诸侯面具分成三对，背靠背两个一放，摆一横排。李斯丞相、八十大王、老郎菩萨插档摆成八字形，放在六个诸侯的前面，老郎归中，土地公、土地婆一边一只，全部面相朝天，其他面具仍摆在箱内。"神台"下面安放大香插，前面放祭桌一面，上摆"留连灯"、"果盒"、"蜡烛台"、"签筒"、"玟"等，桌子前放面具箱，盖子打开放锣鼓乐器，箱子前摆"大香炉"，内点"降香"，然后烧金银纸钱，整个上堂一片辉煌。下堂（即舞台前），摆一面香几桌，上放香炉、蜡烛台、酒壶酒杯、五碗醮度（即五只碗，内装粥），斜插一双（稻草）筷子。村民们在祠堂（中段）天池内各自安放一面供桌，桌上摆五只"笼床"（小蒸笼），内装果、豆腐、蒸菜、干鱼、肉等之类的熟食供品，而后各家捉来一只活鸡，请傩班演员宰杀（以红包付酬），抛入天池地上，任其旋转挣扎而死。此时，"打傩醮"开始，先念"通神"：

伏以：天地自然，野气分散，道气长青，通神有界，先神拜请。今年今日，今日今时，四值功曹，传张幼者。今处中华人民共和国，江南江西省婺源县万安乡长城里，长径樟安社，潘源花木社，祈合（即全村人）拜请：驱傩神会上先锋夜叉大神，复国荣烈大将军、鬼护鬼路大判官、二位和合喜神、范杞良先生、孟姜女仙姑、留连相公、萧氏夫人、收去八先锋、一切神祇、天心左、马鞍山、太子桥胡大帅、东方陈元帅、南方乌弓大帝、西方张全大帝、北方康元帅、中央黄元帅、部下二十四元帅、八千无般、部百无烈、阳星大帝、四山四岳大帝、城里土地城隍、后山头土地神官、东关西关、城里城外、各支各众，一切神祇拜请。回头岭、扁担岭、枫木岭、泽书岭、登高山、青石滩、渔潭社、鹤溪社、鹤溪桥、观音阁、上河社、丰乐二渡、沙城社、里田社狮傩鬼戏、行史之神;汪口社、花蟠胜会、江湾镇头、岭南、溪西、三宝寺二大真仙;晓起芜村、荷田朱村、山后大祀寺、降川社(降头)、牛屎岭、大秋岭、茶坑社、罗岭头天仙庙、左会源、小源社、庆源狮傩鬼戏、行史之神;段莘社、让田社、大碣头水口庙、行史之神;无村社、朱坦上下二社、齐岭头白玉仙姑、苍坑社、苍坑水口庙、行史之神;梓槎社、长径祖居、词坑社水口庙、仁林桥二大真仙;秋口仁林桥、大坑小港口;官桥社、福泉庵、春灵驻者、下长径阴帝庙、南山角过本桥、共奉玄天上帝、北南本经樟安社、潘源和睦社、西方庙三相公、九相公、崇福桥、四洲大帅、五大山、欣南驻者、喜庆亭泗洲大帝、吴戈坑、新立五猖庙、登高古寺、黄冲坞口、瑶上下、瑶下下、新立关王庙、新义社、和村和睦社、秋湖新兴社、秋湖卫后桥、拜请。新村古寺下、蟠龙社、金源社、金源狮傩鬼戏、行史之神;朱坞培行雨龙王、五株山欣南驻者、本经驱傩会、玄坛会、百户会、乌饭会、腊八会、崇本会,各会自理。东路上、西路下、泰山门下、杭州铁板桥头。

注:以上"通神令",由胡振坤口述,原有150句,文字语句不全,可能有遗误,有待考证。

念至此时,各家各户焚烧纸钱,跪拜作揖,敬献酒饭后,将五碗醮度倒掉。接着念:金花小姐、梅花小娘、七十老郎、先师前辈,文巾铺场,此时降临,有酒在壶,目连三显,上台三显,建周礼不再前情,供值单橹,拥奔何化拜请。四神归位,圣回圣宫,本家香火,安在中堂,四境土神,各回坛界。

傩醮结束,各家将天池内的供桌撤去,上堂傩面原封不支,灯火通宵,供村人许愿,还愿拜祭。晚上按"夜打目连日舞鬼"的定规进行表演。一般演三天三夜,第一晚演小节目,第二天上午舞鬼,下午演小戏,而后演追王,收耗(即驱鬼逐疫活动),夜间打目连,第三天日场舞鬼,晚上演目连戏。

舞狮子往往是与傩舞同游,历史上曾有"三十六傩班,七十二狮班"之说。最早出现的舞狮子,婺源民间称"舞猢",又名"青狮"。狮头用樟木或杨木雕刻,净重50市斤左右。该狮头上长角,眼称"雄光",口装嗒板,嘴巴张合,发出嗒嗒的响声。狮身为一块青布,由小姓人家舞耍,人称"舞狮头"或称"打狮爷",另一人"舞狮尾",人称"舞狮小",统称"狮傩人"。还有两个逗狮人,戴笑脸面具,诙谐、滑稽,动作十分逗人喜爱,故民间

狮子灯

诨称其为"狙狙"，此话一直流传至今。舞狙的主要动作有：开四门、蹲四拼、坐四拼，生小狮，狮王带路，打狮，先生医狮等。并多与傩舞同班表演。因此民间又称其为"狮傩班"。这种狮子不但流传广，而且还有各自的庙宇，如秋口李坑村就有"上狮庙""下狮庙"，龙山坑头等地称"狮傩庙"等。随着文化艺术的发展，青狮逐步演化成如今之"南狮"，在全国各地流行。婺源民间除上述"狮傩"以外，大潋、晓鳙、大畈、西坑等地还有形式各异的公狮、母狮、小狮等。1985年10月，笔者在大畈西坑村进行民间歌舞调查时，该村老人吕灶树（76岁）、李敬坤（59岁）说，在清朝咸丰时就有狮子，

战乱烧屋时将大狮子烧掉了，而小狮依然无损，群众说有神保佑，于是重新雕了一匹大狮子，恢复了狮舞，一直保留至"文革"才被销毁。1980年重雕了一匹大狮和一尊小狮，该狮称"西源三宝""大神狮"，以前村里有狮会，轮流做头，供舞狮饭。每年春节，狮舞班先到社公庙朝拜社公、社母，再到村中堂屋舞，最后去各家堂前驱邪保平安，保佑小孩易长易大，麻痘稀疏。同时狮舞班也去附近村堂表演，如古蜀地、大畈、浯村、水路、栗木坑、晓鳙等。各家各户以饼、粽、米、豆、香纸之类赠与"舞狮客"以示酬谢。

该班共5至8人，有大小狮各一匹。狮头以木、竹、布、板为材料编制油漆而成。狮身是两层青水布，称"狮被"，狮被背上缝一条红布，上书"西源三宝二大神狮"字样。小狮木雕而成，舞蹈动作共有二十四种套路：上山龙、下山虎、贴壁麒麟、小麒麟、游山、曰晒、花扑翼、喜鹊衔梅、五蛇出洞、鸢摸鸡、坐地麒麟、蹀龙蓬、狮洗面、孕小狮、生小狮、衔小狮、教小狮、狮洗澡、豆腐盒、大轮船、鳌摸沙、大滚、小狮舞、作老虎。

段莘乡庆源村的"铜、鬼、狮"三班，则是大年初一、初二、初三日轮流在本村三个"堂屋"里演出，每个堂屋演两

广场演出——《孟姜女送寒衣》

场,均先跳傩而后舞狮子,各班所有节目均要演完,俗称"全堂狮"。然后整理服饰道具准备出乡演出,他们将所有服装分"天箱"(又称"上箱"),"地箱"(又称"下箱")存放,(上箱为素,下箱为荤,上箱服装留在村内,下箱服装供外出巡回演出穿着)。他们外出巡回演出路线和演出地点的选择,没有长径村傩班的那些规矩,可视情况而定。一年分春、秋、冬三次外出,除在本县境内演出外,还到休宁(安徽省)、开化(浙江省)等邻近外省村庄演出。在外巡回演出同长径傩班一样,遵循"夜打目连日舞鬼"的定规进行,所不同的是,他们白天除舞鬼外,还增加了舞狮子。节目的多少,根据对方的需要,可多可少,自由选择,不一定全部演完,俗称"半堂狮"。

江湾旃坑村的狮傩班,据江金村老人说,旃坑村原有十八门祖宗,大家都争着要在正月初一朝第一家舞狮跳傩,讨一个"开门大吉"的好兆头,为此事村民经常闹纠纷,争吵不休。当时村里有一门"凤义"的宗族,在京城为官的人多,大家出钱建了一座新祠,要狮傩先在新祠里舞起,但凤新祠不同意,为此打了一场官司,凤义祠送茶,凤新祠送狗(肚里放金条)。经审判定,凤义舞起,但凤新不依,经过再三调解协商,最后确定,凤新祠大年三十夜做首场演出,年初一朝在凤义祠演。初二、初三、初四在本村其他宗祠轮流上演。初八至初十外出，但只去本村宗族的分支众屋里演，其他地方邀请也不去。正月十一日全村出动抬"菩萨"巡游，行水收傩。

秋口镇李坑村的两个"狮傩班"，一共有十个节目：太白金星、和合二仙、三人阵、双鼠、单鼠、双猴、判官小鬼、大小钟道、角打角、收场。每年正月初一至初六日在本村十二个堂屋轮流上演，一天演两场，演完收箱。只有下狮要到鹤溪演出一场，俗称"回娘家"。传说，李坑村有一大户人家之女从小看惯了村里的狮傩鬼戏，长大后嫁给鹤溪上朱坦人家为媳，每逢春节其父母都想接女儿回娘家看狮傩鬼戏，但总被女人不过满灯（正月十八）日不能回娘家的习俗所阻，无奈之下，李家决定让下狮每年初七（人日）专程去鹤溪上朱坦堂屋为其女演出一场。年年如此，便成了一条定规。此女死后，墓葬在上朱坦村铜锣形屯里。从此，下狮班便改为每逢开光之年（12年一次）去鹤溪演出一次。每次演出结束全班人马要去李家姑娘坟上祭拜打醮，为此"姑娘坟"的传说也就延续至今。

据李坑群众说，李坑村狮傩属正派，是神。长径村傩是邪派，属鬼。传说很早以前，长径班的面具箱里嗖嗖着

响，骚动得非常厉害。好像有人在格斗一般，但不知何故。后来打开面具箱子一看，小鬼面具满脸是汗，再看李坑鼠面，也是一脸汗水。人们说，这是神鬼打斗，属邪不压正的一种表现。所以说长径村的傩舞不能到李坑村演出，否则碰头就会打架。

傩舞的演出不受场地限制，不但在祠堂内舞台上能演，在野外草皮坦、晒谷场上也能演，有无舞台均可。不过在野外平地上演时，要在地上放置一块长八尺宽五至六尺的棕席，以示舞台表演区域。早时农村没有电灯，连汽油灯也难得用上，若晚上演出，便点上"火篮"（直径约50厘米，一个圆锥形的铁篮子）照明。现任中国舞蹈家协会副主席盛婕女士，1956年在长径调查采访时亲眼看到了这一场面，她说："在婺源县，我们是在长径乡程姓祠堂看的'鬼舞'，戏台两旁吊挂着两个铁丝篮子，内放松柴烧，烟雾弥漫，在锣鼓喧天中，台上出现了戴着木刻面具的各种神将及民间神话传说，在这种特定环境跳傩，确神气倍增，实让人生畏，何况鬼怪乎。"（中国舞蹈艺术研究会编：《中国民间歌舞·江西省傩舞的简介》，上海文化出版社，1957年4月版。）

四、婺源傩舞活动仪式

婺源傩舞不但在起始和结束时有各种"开箱"、"封箱"等仪式,而在"开光"、"授艺"时亦有其独特的定规,这些仪式和定规,各班代代沿袭,不可违拗,否则就有"灾祸降临"。

"开箱",有的叫"开橱"(因用橱子存放面具)。长径村的驱傩神班规定每年十月十五日辰时举行"开橱"仪式。他们先将装满面具的大橱放至屋内正堂上。摆好香案,披上桌围椅披,放好坐垫,烧香点烛,焚烧金银纸钱,全班人员顶礼膜拜,而后分立两旁。其中两位长者分别站在橱门左右一侧,用手指扣住门环慢慢将橱门拉开(据说不能正面对

"开箱"跳傩酬神纳吉

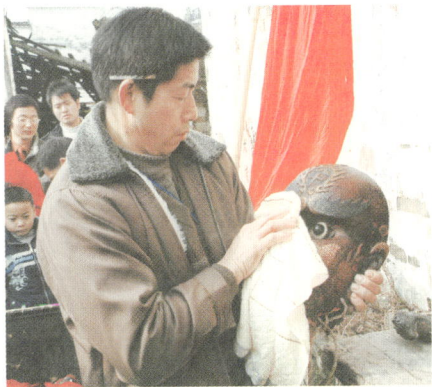

"开箱"仪式为面具洗脸

着橱门,因开启时,橱内有一股邪气冲出,谁撞着了就会运气不好,不死也得生场恶病)。开门时鸣放鞭炮,敲锣打鼓,以示逐鬼迎神。接着按规定先将六个"诸侯"取出,拆去包裹在面具上的皮纸,然后进行"洗脸"(用毛巾浸水,而后拧干,在面具上轻轻地擦几下),插上羽毛,分别挂在屋内两边的"照壁"上(上堂两侧相对的板壁俗称"照壁")。再将

蒙恬将军面具

"丞相"、"小鬼"面具拆纸洗脸后挂上。尔后，仍依上法在橱内上层摆上"八十大王"、"蒙恬将军"面具，下层摆放"老郎菩萨"和"夜叉先锋"面具，然后再将其余的面具拆纸洗脸放在橱内。取放面具的先后和挂置的方位均有严格规定，绝对不能乱放。不到开橱之日不得开橱，面具无论如何也是动不得的，否则就要灾难临身。最后由道士打醮(道教中设坛祭祀的一种法事)，结束开箱仪式。此后，菩萨面前香火不熄，日夜供奉。

段莘乡庆源村两个班的"开橱"仪式较为简便。时间是在农历十二月二十三日举行，他们虽然也要点香烛放鞭炮，顶礼膜拜，但开橱门取面具时，可以随意进行(他们自称为"正派"，长径是属"邪派")。同样要将面具拆去包裹的皮纸，而后先洗脸，再将面具挂在壁上，

等第二天(二十四日)过小年时好让村民前来朝拜，许愿、还愿。到除夕晚上，待子时一过，将菩萨、面具一块摆到村中路亭里，供来往行人在大年初一朝"拜菩萨年"，尔后装箱准备演出。

"封箱"，又叫"收傩"，有的还称"行水"或"做过头"(即换户头保管面具)。一般做法较为简单，在全年演出活动结束时，将全部面具用皮纸包好，服装亦要洗烫整洁，清点装入箱或橱内，然后抬至负责当年保管的大姓人家或狮傩庙内存放。

唯独长径村驱傩神班与众不同，场面热烈隆重，热闹非凡。他们在巡回演出结束后，回到本村，要举行"三天目连一日鬼"的演出活动(即演三天目连戏，跳一日傩舞)，再将所有行头、面具装入箱内，抬至当年确定的新保管人家做"过头"。该户事先要在大门口地上放一只大晒盘(竹编制的农家晒物的用具)，这时，许多村民聚集在该家门口等候，待面具箱子一抬到，就蜂拥而至，抢夺面具，抢到面具者，便将面具摆放在晒盘内，各自在旁边看守。到晚上，由上年和当年的保管人家，各点八只大火把，由长者鸣锣开道，抢到面具的人们手捧各自看管的面具，依次列队而行。其次

鏨头祈福

序是:夜叉先锋引路,老郎菩萨为首,六面蜈蚣旗和十番锣鼓随后。再按李斯丞相、蒙恬将军、范杞良、孟姜女、六路诸侯等顺序排列。最后便是扮演八十大王和小鬼的演员(和追王一样着装打扮),鼓、旺锣和曲笛伴奏压阵。一路上锣鼓喧天,鞭炮齐鸣,烟雾缭绕,火光冲天,煞是威严壮观。远远看去活像一条长龙,浩浩荡荡前往上年保管人家做"起马"(菩萨神灵起程之意)。这户人家要通家点火(锅灶里也要烧火),堂前上门头放一只水桶,桶内放一串锁匙,一把谷刀(禾镰),一杆无砣秤,一只谷印。八仙桌底下放些杉树枝(以示生枝发叶,人丁兴旺,五谷丰登),并摆设香案,焚烧纸钱,迎接傩神。到家后,由八十大王和小鬼在该户做"通家鏨"(鏨是方言,即刮或擦之意),用开山斧在该户的大

门口、屋柱、床沿、猪圈、鸡窝、楼上楼下等处,鏨几下或轻轻剁一下,最后在家人头上一一鏨过,以示逐鬼疫灭灾祸,保人畜兴旺,四季平安。鏨头结束,将小鬼押送至村外水口,点香焚纸以送瘟疫。这时演员脱去服装,卸下面具捧在手上,与原队人马依样列队回到上年保管人家喝酒吃饭,其他人等,均在当年保管人家聚集用餐。其中捧老郎菩萨和扮演八十大王的演员,每人可领取一对月饼。食毕,将所有面具用皮纸包好,放入箱橱所规定的位置,再点香烛,鸣鞭炮,进行封箱。封箱后就不准再打开了,一直要到十月十五日辰时再举行开箱仪式,否则冒犯傩神,灾祸降临。

"开光"是在规定的年限内将面具全部修整逐个勾画翻新油漆一次。开光时请道士先做法事,然后用朱笔沾水,

1985 年长径村排练傩舞资料片

取下修整油漆面具时用来遮挡眼睛的小纸片名曰"开光",但各班的开光年限有先有后,做法也不尽相同。

长径村驱傩神班是每逢辰年(即十二年)一次,辰时举行开光仪式。开光前先要"跌玫"问菩萨,由菩萨选定开光师父(包括修整、雕刻、勾画、油漆师父和做法事的道士),选定后再杀鸡定时辰,其做法相当独特严格。他们在堂前放一大晒盘,再将开山斧放在晒盘内,"龙头"(斧头脑上雕有龙头花纹图案)朝上,然后将鸡杀了抛入盘中,任其挣扎旋转,直到停止呼吸不动时,鸡头若对准了龙头,便是开光的好时辰,俗称"龙凤相对"。若鸡头对不准龙头时,便再杀一只鸡,不对再杀,直到对准为止。有时为了求得"龙凤相对"的好时辰,全村的公鸡杀光了,还得到外村买鸡来杀,绝

不马虎了事。开光之夜请道士做法事点睛开光,最后"出五猖"(一种追魂捉鬼的活动形式),"发界牌"(以示村界的标志)。开光结束后,再请傩神在"神台"(临时搭在戏台正面前方的小台)上看戏,场面十分热闹。

秋口镇李坑村的狮傩班是每十年开光一次。他们从上半年就开始做准备,先要摆香案做"退神"(焚香点烛,烧纸钱,朝拜后,将面具全部浸泡在水里),到下半年再请师父(匠人)将面具上磨损的部位修整,重新油漆。面具漆好后,同样将纸片贴在傩面的眼睛上,然后定时开光。开光之日,白天摆好神案,安置好菩萨。晚上请道士做法事,念"通神"(祭祠)。到下半夜,举行"打长拳"活动,各路会拳术和识武者(包括刀枪棍棒)登台比武献艺。赛后即进行"点

跳傩驱瘟避疫迎新春

"睛开光",最后同样以"出五猖"、"发界牌"告终。

段莘乡庆源村和秋口镇李坑村的狮傩班一样是十年一次举行开光仪式。当地群众称其为"十年两头转"(即两个狮班在十年中头尾各举行一次)。开光后和长径一样要演目连戏,具体做法与上述两处大同小异。

"教鬼"即传授技艺。婺源各地跳傩舞狮之人均属当地小姓(外姓人或贫困的劳众,如长径村的胡姓、庆源村的方姓等),大姓(多属地主、绅士、宦官,如长径村的程姓、庆源村的詹姓等)不跳傩舞狮,只保管面具、行头等,直到民国初仍有此俗,故传艺的对象也是小姓人家子弟。后来由于社会的发展,大姓中两极分化,以及狮傩同台与目连戏同班合一演出,形成演员相互交叉等多种因素,才破除了这一戒律。如长径村现在的傩班中既有胡姓,也有程姓人参与演出,他们既会跳傩也会演目连戏。长径村传艺时间是在每年举行开箱仪式后的一个月(即十一月十五日晚)开始授艺教鬼。传男不传女,年龄在十五岁以上,班中教练不论资格,能者为师,一直排练到十二月二十四首场演出。教鬼期间,每晚每人一碗糯米饭,一碗油煎豆腐做半夜餐为酬。庆源村傩班授艺则在开光之年,十年一次,其他时间不教。因此,他们学艺者的年龄较小,规定在六至十岁之间,以八年以上艺龄者为师执教。

"斗傩米"("斗"是凑的意义,"傩"就是驱室内之鬼疫,"米"指傩班取走之食物)又叫"收耗",还称"麻痘稀疏"("麻痘"即"麻疹",旧时群众视小孩出

索室驱疫

麻痘"天花"是瘟疫所致,危害生命,"稀疏"即少或无之意)。长径村驱傩神班,每年十二月二十四日在程文著堂屋做首场演出后,便由两个艺人分别扮八十大王和小鬼,另一人(不用装扮,由熟悉全村路况之人担任),手提药炉(与《追王》节目中同)在前引路,锣鼓相伴,挨家挨户地举行索室驱疫活动。八十大王手执开山斧在各家堂前、房间、牛栏、鸡圈、灶屋、楼上楼下等处及户主家人头上做"通家劈头"(同前述)。每家堂前八仙桌上要摆上"芝麻"、"黄豆"、"大米"、"茶叶"各一小碟,待"通家劈头"结束后,舞者便将小碟里的食物取走。另外,各户还要备些糕点、茶果之类的食品供演员小憩时享用。人们为了祈求神灵保佑人畜平安、家事如意,再特地献上一只红包(礼金)给"八十大王",以示诚意。庆源村斗傩米不但有索室驱疫的举动,而且要边舞边喝彩,彩词是:小鬼不像,一斧着碎脚,怒气冲冲,春风杨柳着东风,飞天得志,志外登天,今年中状

元,做起经商买卖,读书者高登科第,种田者五谷丰登,幼童者麻痘稀疏,瘟灾时气,一剑东方捉小鬼,二剑南方杀灾祸,西方是我着,北方是我收。(方银盛口述)其他傩班没有如此复杂,只是到各家走个过场,如许村镇汾水村,他们每年正月初二朝,一人挑一担傩面(共四只,前后各两个,面合面系在扁担上)在前,另一人挑一担谷箩在后,挨家挨户,前门进,后门出,将各家悬挂的红绿纸条(以示送穷避邪之物)收入箩筐之内,俗称"收红绿纸条"。"收耗"时,各班所戴的面具、扮相也不相同,有的戴"太白金星"、有的戴"大松鼠"面具。具体叫法也不一致,长径村叫"收耗",李坑和庆源叫"麻痘稀疏",但总的仍称"斗傩米"。为了使傩班能够长期永久的生存,各村傩班的活动经费,除斗傩米外,各班均有各自的班会组织和经济来源。如龙山坑头村和沱川理坑村有"舞狮会",江湾游坑村和段莘庆源村称"狮傩会",秋口李坑村叫"庙会",长径村称为"傩会"等等,各村各会都有会田、众田,会田可收田租作为各班活动经费。有了这种经济基础做保障,就不会有断炊之虑,这也是婺源傩舞得以生存的缘由之一。

五、婺源傩舞面具与服饰道具

面具是傩舞表演中的一大特征,最早起源于原始先民自我保护,迷惑、恫吓和战胜猛兽的一种美化艺术,也是区别各种图腾的重要标志。婺源傩面具,据段莘乡庆源村艺人方银盛说,在早期传入的铜、鬼、狮三班均是铜面具,大约在清初时,铜班有个演员的侄子戴着玩,取之不下,人们说这是菩萨显灵,大家跪拜后,连人一起埋了,从此铜班失传,以后就改用木雕面具了。1965年盛

婕女士等人到庆源考察时也有同样的说法:"据庆源村老人詹灶顺谈,以前也是铜的。大概在清初时因演员中有个演员的侄子戴着玩后,不能取下来(曾在面具上撕了几层下来还留在脸上),群众说这是有神,就跪拜后,连人一起埋了,从此铜班失传。鬼班狮班最初也是铜面具,因不方便,后改木雕面具。"为了寻找铜面具,盛女士当时就组织村民在上庙方家坞刨土挖山,遍地寻找,毫

婺源傩舞面具

长径傩舞四个原始面具

无结果。1985年我们在长径调查民间舞蹈时，当地艺人胡振坤等人都说，他们以前也是铜面具，而且是"灰煤铜"所制，不知何时失传。又说他们也曾多次寻找铜面具，在金竹坑岭头，长径庵堂基等处也曾发现有"八十大王神位在此"的砖雕墓碑和石块，但都不敢取出，原因是每个挖掘之人都要生一场大病，当地人怕傩神显灵，招来祸灾，故而至今未找到真迹。

据我们普查统计，婺源共有傩舞木雕面具200多个，全系樟木雕刻。主要有：盘古氏、魁星、太阳、月亮、后羿、太阳金星、八十大王、李斯丞相、蒙恬将军、夜叉、八仙、观世音、六路诸侯、四天兵、刘海、金蟾、二和合、二小鬼、萧氏夫人、张天师、判官、孙权、子路、关公、张飞、周仓、金吒、木吒、哪吒、唐僧、猴子、猪精、沙和尚、傩公、傩婆、鸡公精、鸡母精、仙鹤、土地公、老鼠精等。脸谱的雕刻，惟妙惟肖，栩栩如生，喜怒哀乐，老少妍陋，无一相似，着实让人惊叹。据当年陪同盛婕女士一同调查的县文化馆老馆长金邦杰在《婺源"舞鬼戏"概述》中载："经过详细调查研究，发现长径村的'舞鬼戏'面具较庆源村的'舞鬼戏'

114

面具古老,刻工精巧,手法夸张,神气咄咄逼人。在油漆色彩上,主要是红、黄、蓝、白、黑五种。最后一次油漆是在乾隆十九年(1754)。见到这断定年号的记载,是从六个诸侯面具中的一个诸侯面具后面查到的。另一个是八仙之一的何仙姑面具,后面有刀刻道光庚寅年(1830)重雕年号,其他面具都无从查考。尽管这些面具中只发现一个重雕年号,但从盘古氏面具背部和油漆成色来看,里面还有一二层油漆更为古老。可'舞鬼戏'面具是时损时添,陆续增补,有的即重新油漆翻新。因此笔者认为最迟也得是明代的东西。其中有一部分面具,已具有四百多年历史了。"(《婺源县文史资料》第二辑,中国人民政治协商会议婺源县委员会文史资料研究委员会编,1987年5月版)直至"文革"前,庆源村还有41个,长径村有55个。这些珍品,可惜在"文革"中均毁于一旦。

现长径村保存下来的只有"八十大王"、"李斯丞相"和两个"小鬼"共四个原始木雕面具。这是长径村傩舞艺人胡振坤等人当年冒着很大风险,偷偷地藏起来的。从面具的造型来看,其形其神充分表达了典型人物性格,蒙恬将军面具,高一尺四寸,顶部雕刻成紫金冠状,显得威严而又儒雅,身穿红色大靠、背靠旗、围水领、腰挂宝剑,下身穿红色彩裤、黑布鞋。

李斯丞相面具,更是造型奇特,头戴相盔,两耳上端三炬熘火(耳朵单独雕刻安装),舞蹈时两耳随之抖动,嘴下巴也是单独雕刻组装。最引人注目的是两只眼睛,用玻璃珠子做眼睛(当地人称其为"雄光",据说是明代从潮州定购来的),用一根铁丝从眼珠的上半部穿过,固定在眼眶上,再在眼珠的背面系上一根连动线,然后将这两根连动线一块拴在嘴下巴底端的小孔里,使之两眼与下巴背面形成"三点式"。演员戴上面具,嘴巴一张一闭,面具的下巴也自然一张一合;由于连动线的作用,两只眼珠也随之上下翻滚。这种随舞蹈动作而活动的面具全国罕见,真是令人惊叹不已。面具背后,有不同时期的善男信女捐送的"帽披",长三尺六寸,宽一尺,绿色绸缎料子上绣长龙、龙珠、云彩,披的下端镶上三寸长的流苏。艺人身穿大红绣花蟒袍,挂玉带,围水领。下穿红色便彩裤,白布袜,黑布鞋。在表演"饮毒酒"后,毒性发作时的摸嘴、摸肚、狂奔动作时,形象逼真,极为传神。

诸侯面具可谓是别具匠心,三个眼

李斯丞相面具

诸侯面具

八十大王面具和开山斧

睛外突,鼻子倒钩,鼻尖朝上,两耳长着一片薄如纸的羽翼,嘴巴突出如猪,下巴也有一根连动丝线直接两眼,嘴巴张合同样带动眼珠转动,两耳旁边分别吊着一根麻绳,人称"神鞭",它既是舞蹈道具,又是作战武器。头上插24支1.2米长的雌鸡毛(羽毛),脑门上刻有五个小人,个个张口吐舌,其中一个是双手合掌在胸的小佛人,整个面具造型十分奇特可畏。这个面具的存在,也充分说明了道教与佛教相融合的一个傩舞发展过程。

八十大王面具,是长径村傩班中唯一一个没有娱乐性表演的神灵面具,人称"傩神菩萨"。你看它,浓眉大眼、金鼻鱼嘴、面颊刻金钱、下巴一团火、脑额上刻着"八十"两个大字,身穿大靠,外着蟒袍,手执开山龙凤斧,威风凛凛,沿村串巷,追逐瘟疫厉鬼,挨家挨户"索室驱疫",大有传说中方相氏"黄金四目,玄衣朱裳,执戈扬盾,索室殴疫"的上古驱傩遗风。

婺源傩舞的服饰,据长径傩班胡振坤等艺人说,开始传入时是用明朝的夏布制作的"花衣",后来受当地目连戏、徽剧及京剧的影响才用上了戏曲的蟒、靠、袍等服装。穿戴方面,上身内衣不论(不一定穿水衣),外着戏装或花衣,下身穿红、黑彩裤,脚穿白布袜、黑布鞋,腰系布带或板带。

傩舞道具多半属农村生产和生活中的用具,如笊篱、木棍、晒盘、木椅、绳子等。唯有"开山斧"是用樟木雕刻精制而成。斧脑上刻有"龙凤"图案(所以又称"龙凤斧"),斧刃处用黄铜镶边,红漆斧柄,形以月斧,制作十分精美。后来受戏曲的影响,也逐渐使用上了戏剧中的马鞭、羽毛扇、宝剑、绣龙旗、方酒斗、弓箭等。说起"笊篱"乃是婺源傩舞"八仙"中何仙姑手中的一件特殊道具。众所周知,全国民间描绘何仙姑画像、壁画、木雕、八仙过海形象,何仙姑手中持的均是以荷花为法器,唯独婺源傩舞与木雕等处是手拿笊篱的。这是何故?据传婺源曾有"三仙四相一贤人"之说,何仙姑是三仙之一。说何仙姑在本县浙源乡仙姑桥(现已做了公路,路边有座何仙姑庙,原先此处有座桥,桥头石上刻有"仙姑桥"字样)开一饭店,为人诚恳,职业道德高尚,对顾客十分热情,说她为顾客做饭时,每餐都要给客官每人补贴一把米,深受来往徽(安徽)、饶(饶州)客商赞誉,生意十分红火。这事传到吕洞宾处,他想要亲自前去试探一番。一天晚上何仙姑饭店打烊了,吕洞宾前来敲门,要求住店。何说,店已客满,连店堂都挤满了人,住不下了,请到别处。吕说,赶了一天路,脚又痛,肚又饿,请您帮个忙,让我进店歇个脚,就是住柴房也可以。于是何开了门让吕入店坐定,捧茶相待。而后便问,客官,你要吃多少米饭?吕说,半升米,要捞饭蒸菜。何听后二话不说,先量了半升米,再另加一把米。这一举动吕看在眼里,心想传闻不假。这时何淘米准备做饭,吕说,我来帮你烧锅。就这样何在锅台上做饭备菜,吕在灶锅口拿柴生火。吕想进一步试探何的为人,于是走向锅台,故意用言语挑逗,百般戏弄,何无奈之下便拿起捞饭的长柄笊篱朝吕追打。至此,吕认为试探成功,此女可以点化,于是吕装作无处躲避之样,将身窜入灶内,何穷追不舍,气愤之极,随之追入灶内,被吕点化经烟囱升空而去。所以说何仙姑是婺源人,被吕洞宾度化成仙的。为此,婺源傩舞、木雕、壁画等,何仙姑手中均持笊篱为法器。

"羽毛"(即是六路诸侯面具上插的雉鸡毛),亦是长径鬼舞中最具特色的装饰物。据艺人程付保说:"现在六路诸侯面具上插的羽毛(长约120厘米),还是当年程文著从陕西带回来的原物,已有几百年的历史了。每次用过之后,即取下包好装入专制的铁皮筒中保存,每年六月六日要拿出来翻晒打虫。"对此羽毛,当地至今还保留着一段神奇的传说,说是当年程文著从陕西带回鬼舞时,发现诸侯面具上少了羽毛,便派人重返陕西置办。可是羽毛在陕西当地属禁止出境之物,所以他们在购买时便将羽毛装入棺木内,以便偷偷运回。在过关受检时,护送人员生怕败露真相,便对天默默祷告,请求傩神菩萨保佑。当检验人员打开棺木时,羽毛不见了,里面却躺着个老人尸体(鬼舞中的土地公公),因此顺利过关运回。人们说,这是傩神显灵。所以,他们对此羽毛极为珍惜,也保管得特别好。虽然天长日久,羽毛有些脱落,但骨子还是好的,保存至今,为婺源留下了一件宝贵的实物珍品。

六、婺源傩舞音乐唱腔

婺源傩舞音乐,遵循舞止曲终的伴奏规律。主要有"打击乐"、"曲牌"和"唱腔"三大部分。伴奏乐器以鼓、锣、钹、小锣、小钗为主,丝弦乐偶尔用之。盛婕女士在"江西省傩舞的介绍"一文中载:"庆源乡有些节目更接近舞剧形式,载歌载舞(高腔,原来都有唱本,现已失传),音乐除锣、鼓、小钗外,还有弦乐,八九个人组成的一个小乐队,在舞台中央放一乐台围坐而伴奏。"

一、打击乐部分的"锣鼓经"(又称锣鼓谱),大体分为两种:一种是"通用锣鼓经"(即一般戏曲锣鼓经),如:"目连戏"、"徽剧"和民间"十番"锣鼓。牌名有 "火炮"(即急急风)、"一字锣"(即长锤)、"加官"(即滚子头)等。另一种为傩舞专用锣鼓。以长径村的"驱傩神班"为例,该班有一种独特的打击乐器——旺锣(有兴旺之意),形似"深锣",锣面厚度为市尺一分半,净重四市斤,用硬木榔槌敲击,发出铛铛铛的响声,音色别具一格。如【一槌头】:‖:咚咚铛|咚咚咚铛:‖,在傩舞中用途非常广泛,不但在表演节目中用于伴奏烘托气氛,而且在"斗傩米"、"追王"、"收耗"时也都用此锣鼓经。因此,沱川理坑村的群众戏谑地

长径乐队

将其念成‖穷穷定|穷穷穷定‖(婺源此地方言"穷"与"咚","定"与"铛"音相近)。还有3/4和4/4拍式交替进行的节奏型。如《丞相操兵》中的"操兵步"锣鼓点‖:铮铮仓|铮铮铮仓—:‖。《刘海戏金蟾》的【双五锤】咚‖:台·咚|台·咚|台咚台咚|台·咚|仓·咚|仓咚|仓咚仓咚|仓·咚:‖。又如小锣伴奏的"睬金蟾步"点子:咚咚‖:才咚才咚|才咚乙咚

才咚咚:‖。《太阳和月亮》中"摸胡点点子":‖:咚不弄咚咚|咚不弄咚咚|咚不弄咚咚不弄咚|咚不弄咚咚不弄咚|咚·不弄咚|乙咚咚|仓咚|仓仓|仓—:‖。

傩舞曲牌,据民间艺人方银盛、胡振坤介绍,有"浪淘沙"、"主云飞"、"桂花腔"等,原有唱本,现已失传,遗存的只有几段常用曲子,现录如下:

小 快 板

两 锤 头

1=C 3/4

♩=70

| 6 - 1 | 2 - - | 2 - 1 | 6 - - | 3 2 1 | 2 - - |

锵 锵 — 　　锵 — 咚咚　锵 锵 — 　　锵 — 咚咚　锵 锵 — 　　锵 — 咚咚

| 2 - - | 2 - 6 | 2 - 6 | 1 - - | 5 - 6 | 5 - - |

锵 锵 — 　　锵 — 咚咚　锵 锵 — 　　锵 — 咚咚　锵 锵 — 　　锵 — 咚咚

| 6 - 1 | 5 - - | 3 2 1 | 2 - - | 2 - - | 2 0 0 ‖

锵 锵 — 　　锵 — 咚咚　锵 锵 — 　　锵 — 咚咚　锵 锵 — 　　锵 — 咚咚

一 锤 头

1=C 3/4

♩=70

‖: 6 1 3 1 | 2 - 3 | 0 0 0 | 3 2 2 | 3 0 0 | 3 2 23 |

锵 咚 咚　锵 咚咚 咚咚　锵 咚 咚　锵 咚咚 咚咚　锵 咚 咚　锵 咚咚 咚咚

| 1 0 0 | 3 2 21 | 6 0 0 | 6 1 6 | 2 1 21 | 6 - 1 |

锵 咚 咚　锵 咚咚 咚咚　锵 咚 咚　锵 咚咚 咚咚　锵 咚 咚　锵 咚咚 咚咚

| 6 2 1 6 | 5 - - | 6 2 1 6 | 5 - - :‖

锵 咚 咚　锵 咚咚 咚咚　锵 咚 咚　锵 咚咚 咚咚

该段音乐与孟姜女的"妮行步"相匹配,可谓是珠联璧合。舞姿柔美娴雅,节奏舒展平缓,笛音时隐时现,鼓点时重时轻,稳稳沉沉,很像现在的复调手法,把一个古代女子千里寻夫的温婉善良的典型性格和千难万险的艰苦环境,烘托得淋漓尽致。

唱腔部分主要是:"高腔"兼唱"曲牌",以前有唱本,现在已失传,通过艺人挖掘回忆,还找到一鳞半爪,现录如下:

系住肩担

1=C 2/4
♩=70

```
氵 6 5 — 6 1 6 5 6 3 2 — | 5·6 5 | 5·2 5 | 5·3 2 2 2 |
   系  住    肩 担              系  住  肩  担   裹 皮

2·3 2 3 2 | 2 7 7 6 1 5 | 6 6 5 | 6 — — | 7 7 6 5 | 7 7 6 | 5 6 6 1 6 3 |
御            身    (乙咚咚仓)世 事 恨   虞         为

2·3 5 6 5 3 | 5 5 5 | 3 6 5 3 2 2 1 | 6·1 2 3 2 1 | 2 — ‖
难              于         我
```

童子乌鸦

1=C 2/4
♩=70

```
氵 2 3 — — 2 1 2 1 5 — 6 1 5 6 1 — | 6 3 5 |
   呀                                      童 子

2 2 | 3 2 1 3 | 2 1 | 2 | 2 6 | 6 | 6 6 6 | 6 2 7 |
乌 鸦   你  本 是   有 功  无 言  我 寻 夫 在  前 车 我

1 1 6 6 | 6 3 3 | 3 3 2 5 | 7 1 2 6 | 7 7 | 2 6 6 — ‖
寻 夫  你 在  前(呀哈  呀哈)心计  尔 多 跟 前 多 多    跟 前
```

段莘乡庆源村"八仙"唱段：

大家奉朝来献我

七、婆源傩舞风格特点

婆源地处皖、浙、赣三省交界之地,春秋时属吴,后属越。战国时属楚,秦时属鄣郡,汉改丹阳郡。浙岭至今还保留有当时"吴楚分源"界碑。据中云善山的石器、古陶等考证,远在四千多年前,境内就有先民在此繁衍生息。由于地理环境地貌所致,婆源古时乃是"山阻而弗车,水激而弗舟"、"上有五岭,下有七十二滩"的闭塞山区,交通十分不便。傩舞长期生存在这块土地上,犹如一块埋在深土中的"璞玉"。在表演艺术上仍保留着其固有的古朴、粗犷、简练、夸张、形象、传神的独特风格,舞姿亦随着人物的典型性格而千姿百态。有的刚劲、豪放,如《舞小鬼》中的"鼻尖步",《饮毒酒》中的"摸肚步"以及《打松鼠》中的

《丞相操兵》中的"过河步"

《饮毒酒》中的"摸肚步"

《舞小鬼》中的"鼻尖步"

孟姜女妮行步

"抖指棍"等。有的诙谐、明快,如《北斗星》中的"抹胡点",《刘海戏金蟾》中的"地挖门"。有的典雅、潇洒,如《孟姜女送寒衣》中的"妮行步",以优美的舞姿表现孟姜女身负寒衣、孤苦伶仃、万水

千山去寻夫的艰难路程,塑造了一个温厚善良的妇女形象。《刘海戏金蟾》中的"双手、单手撒金蟾步",无不神形兼备。特别是《追王》节目,仍可从中窥见的那种原始傩祭"驱邪逐疫"的风貌。

　　婺源傩舞的动作特点,多表现为:顺拐(艺人称"一顺边")、屈膝、下沉、含胸、挺腹。沉而不懈,梗而不僵,独具特色。如《开天辟地》中,盘古氏手执开山斧,呈弓步顺拐挪行,力沉而不韧,刚健不懈,恰如其分地体现了典型环境中的人物性格。又如《丞相操兵》中,六路诸侯的"操兵步"(艺人称"过河步"),要求舞者含胸挺腹(不得过分),头微前俯,屈膝略沉,步步微颤,身子要梗而不死,表现出军人的威严。《魁星点斗》中的基本动作是两肘成45度微抬,两肩随着步法快节奏抖动,双腿成"马桩步",沉而不懈,再加上头部不断颤摇,动作极为协调,诙谐风趣,特色鲜明。

　　傩舞中角色的出场及行进方向,按舞台方式进行,而大部分节目为适应旷野平地观众四边围观的特定场合,在调度上多有"走四门、归中央"的套路,即在舞台右前区、后区、台左前区、后区表演一番,然后归中央位置,所以动作多有重复。

八、婺源傩舞传承复兴

由于部分傩舞长期以来与目连戏共班同台演出，他们既跳傩又唱目连戏，相互影响，造成一些服装、道具的混用，动作与内容均夹杂着某些戏剧成分，所以当地群众又称傩舞为"舞鬼戏"。

傩舞是我国古代举行驱鬼逐疫仪式时跳的一种舞蹈。从原始社会开始至今，经过了几千年的沧桑岁月，吸收了巫、儒、道、佛教及民间风习，积累了不同时代、不同层次的历史真迹，涉及人类学、历史学、民族学、宗教学、神话学、考古学、音乐、戏剧、舞蹈等多种学科，有着广泛的历史意义和研究价值，有"活化石"之称。但由于岁月的流逝和时代的不断变迁，傩逐渐走向低落，以至部分节目已经失传。新中国成立后，在党的"双百"方针和"两为"服务方向的指引下，婺源傩舞获得了新生，开始走出深谷，登上了文化艺术的大雅之堂。

1953 年 2 月 24 日，秋口乡长径村和段莘乡庆源村的《鬼舞》《孟姜女送寒衣》《丞相操兵》等四个节目，代表上饶专区出席江西省"全省第一届民间艺术会演"并荣获《古典舞》艺术奖。经大

会评审，被选入参加中南区赴北京参加"全国首届民间音乐舞蹈会演"，并拍成新闻电影，成为我国研究傩舞的第一个热潮。1956 年中国舞蹈艺术研究会研究小组盛婕女士一行三人来婺源实地考察，目睹了婺源傩舞风貌，她认为该地仍保留着许多傩舞，在全国实属罕见，是中国舞蹈艺术研究难得的"活资料"。同时也引起了许多艺术家、史学家、文学家的极大兴趣，得到了欧阳雅、欧阳维德、孙景琛等及各不同研究领域专家的高度重视。他们纷纷来到婺源采风、座谈，拍摄面具，探究傩源，发表文章，为后来婺源傩舞的振兴与发展留下了许多宝贵的资料。

由于"文革"的影响，婺源傩舞几乎全部毁灭。直到党的十一届三中全会后，傩舞再一次获得了新生。长径村于 1981 年开始仿制简易面具 10 个（诸侯 4 个、夜叉 1 个、刘海 1 个、金蟾 1 个、孟姜女 1 个、盘古 1 个、猴子 1 个），恢复了部分节目演出。1984 年，婺源县文化馆为了挖掘抢救民间艺术，特地将长径傩班请到县城献艺，组织剧团部分演

傩舞活跃在婺源乡间

员、乐队专人观摩学习，并聘请上饶地区群艺馆周汉成（现任江西省职业艺术学院院长）、谭健（现任上饶市文化局社文科科长）两位专家来馆指导。在观摩演出的基础上，通过认真讨论，研究决定将"独舞"《开天辟地》改编为"群舞"，表达广大劳动人民创造世界的伟大精神。将由一个演员手持"三脚蟾"表演形式的《刘海戏金蟾》，改编为演员手持一串"金钱"的表演形式，既保留了原有风格，又简练易懂，并将单纯用打击乐伴奏改为"民乐"伴奏，增加了该剧欢乐逗趣的浓厚气氛。由周汉成、谭健两位同志担任两个节目的改编导演，笔者、王

昆仑、胡彧负责音乐设计伴奏，孙兆铎服装面具设计，俞承勋负责摄影。面具是傩舞表演中的一大特征，但在"文革"中已被烧毁，当时又找不到原始面具照片，怎么办？孙兆铎同志（后任县文广局副局长、县政协副主席，现已退休，在研究婺源民间文化艺术等方面有独到之处）多次找傩舞艺人和知情者了解、座谈，回忆介绍各个傩面具的造型和色彩。边谈边画，勾出轮廓后再请艺人指点提出意见，而后修改。经过一次又一次的反复绘画修正，最后画出了后羿、太阳、月亮、土地、孟姜女、诸侯、魁星、夜叉、李斯、蒙恬、刘海、金蟾、萧氏夫

人、盘古氏、铁拐李、汉钟离、何仙姑、吕洞宾、小鬼、猴子、狌狌等20多个傩面图，并亲自与美术干部去上海买10公分厚的薄塑为原料，而后与胡星源、汪兆容等人雕刻制作，为后来的民舞集成录像做好了前期准备。程社淦负责舞美，汪瑞坤为群舞《开天辟地》领舞，赵小龙、江俊扮演刘海、金蟾。通过精心策划改编，认真刻苦排练，在上饶地区举办的"全区民间歌舞调演"会上，双双荣获"优秀演出奖"、"舞台美术"、"面具制作"、"个人演出"等多项大奖。同年，原县

傩舞《仙鹤》

文化馆馆长金邦杰在《江西文艺》第四期上发表了《婺源"舞鬼戏"概述》的文章，论述了长径村和庆源村傩舞的沿革与现状，为后来的民舞普查奠定了良好的基础。

1985年，经县委、县政府研究决定，由县委宣传部发文成立《中国民族民间舞蹈集成·婺源资料卷》领导小组和编辑小组。领导小组组长：鲍庆祥；副组长：王季桂、江荣才；成员：汪济生、宁华、孙兆铎、胡彧、俞承勋；编辑小组组长：俞承勋，副组长：孙兆铎、何柏坤；组员：胡红平、胡星源。同时，文化馆指派笔者与胡红平二人赴上饶地区参加《民舞集成》培训班学习，并负责全县重点乡镇的民舞普查工作。走访了15个乡镇，采访了90余名民间艺人和知情者，普查出"傩舞"、"狮舞"、"道教舞"、"民间灯彩"等四个舞种，100多个节目，200余种灯彩。1986年1月，笔者与胡红平一起到长径村，和艺人同住、同吃，共同研究、回忆节目，成立了以胡振坤为团长兼导演的19人"长径傩舞剧团"，恢复了原有的24个节目中的22个，培养了一批新生力量。如程汉平（现任团长）、程九斤、程开禄、胡立和等。并将1984年参加上饶地区调演的优秀节目"群舞"《开天辟地》、"双人舞"《刘海戏金蟾》两个节目传授给他

们，其中包括 30 来个塑雕面具、服装、道具、大红鼓等，一并赠与，增强了该团的活力，为后来的演出活动打下了扎实的基础。同年 3 月，《中国民族民间舞蹈集成·江西卷》编辑部录像组李克（江西省舞蹈家协会主席）、漆启恒、张齐、盛肖梅、郑湘纯、余大喜等一行 19 人，在地区、县、乡有关人员的陪同下，在长径村祠堂进行了普查抢救性的拍摄录像工作。共摄制了 25 个傩舞节目。分别为：《开天辟地》《魁星点斗》《关公磨刀》《夜叉打旗》《丞相操兵》《土地巡逻》《小鬼抛帽》《打松鼠》《太阳射月》《送药酒》《带回》《北斗星》《孟姜女送寒衣》《舞小鬼》《斩子路》《饮毒酒》《舞仙鹤》《双猴捉虱》《四仙》《猴子偷桃》《刘海戏金蟾》《单棒》《收场》《搭架》《追王》。其中包括段莘乡庆源村傩班的《开天辟地》（方银盛，60 岁扮演盘古氏）、《刘海戏金蟾》（方禁平，70 岁，扮演刘海、方平，80 岁，扮演金蟾）、《单棒》（方禁平扮演）三个节目。同时还拍摄了面具、道具、开箱仪式等资料，长达五个小时之久。上饶地区群艺馆"民舞集成"领导小组将婺源傩舞列入"十大集成志书"重点项目。周汉成、谭健、熊光宗、李向群、廖翔、小妹等与笔者、胡彧、胡红平共同编写了傩舞录

江西省民间文艺协会赠送面具仪式

像节目的音乐、服饰、道具、人物造型、动作、场记图及婺源傩舞概述、艺人小传、剧情简介等文字说明。其中《丞相操兵》《孟姜女送寒衣》《太阳和月亮》《饮毒酒》四个代表性节目入选《中国民族民间舞蹈集成·江西卷》（1992 年中国 ISBN 中心出版，新华书店北京发行所发行）。

1990 年 12 月，为《江西画报》复刊五周年纪念活动，在长径村祠堂内演出了 14 个原生态傩舞节目，引起记者们的极大兴趣，他们按捺不住内心的激动，舞台内外、天池上下忙个不停，纷纷端起"长枪短炮"，噼噼啪啪的快门声不断，闪电般的银光照亮了整个舞台，整个晚上一片欢腾。此后《江西画报》《农民画报》《民俗》《徽州文化》等陆续登载，传播海内外。

1991 年，剧团新编傩舞：《开天辟

为《江西画报》复刊五周年演出

地》《魁星点斗》《刘海戏金蟾》《舞小鬼》《双猴》《后羿射日》《舞仙鹤》《八仙上寿》八个节目,参加上饶地区"纪念中国共产党成立七十周年文艺调演"荣获"特别奖"。在皖、浙、赣三边艺术节期间,与王春霞、李炳淑、王洁实、谢莉思等著名艺术家同台演出。4月,长径傩舞为日本傩文化专家东京大学教授田仲一成、东洋文化研究所大木康,及江西艺术研究所流沙夫妇做了专场演出,嗣后,田仲一成还发表了有关在长径观傩的评论文章。

1992年,婺源县文化馆馆长俞承勋摄影的"傩面"作品,胡星源的傩面藏书票,及笔者的塑雕傩面具《八十大王》《诸侯》《李斯丞相》《盘古氏》均荣获江西省文化厅、舞蹈家协会、摄影家协会联合举办的"江西傩摄影·傩面艺术作品展览"奖。同时,还接待了省、地文化馆及徽学研究会秘书长方满棠、平德成、李向群等专家。

1994年,"纪念詹天佑诞辰133周年暨科技成果洽谈会"在婺源县城召开,梅林中学为大会演出42人组成的傩舞节目《开天辟地》。同年5月,江西省婺源茶学赴省参加"省属中专文艺会演",群舞《开天辟地》获二等奖。中国傩戏学会会长曲六乙带领日本东京国立文化研究所、艺能部演剧研究调查研究员高桥美都、大阪大学博士生仲万美、赵维平等专程来婺源调查考察,观看了"傩舞"录像资料。

1997年,笔者与胡彧撰写的《婺源傩舞的艺能》文稿,译成日文,载入广田律子和余大喜主编、日本木耳社出版的《中国汉民族的假面剧》专著中。

2001—2002年,长径村原生态傩舞与县剧团新编傩舞分别在县旅游黄金周期间登台献艺,深受游客的赞赏。2012年,剧团新排的独舞《开天辟地》赴南京参加旅游推介演出。随着婺源县旅游业的深入发展,群众文化艺术的表演形式(如"茶道"、"歌舞厅"等)也不断增加,婺源"鼓吹堂"便是其中之一,它是传播婺源民间文化艺术的私营团体。演

刘海戏金蟾

出节目融"傩舞"、"徽剧"、"茶道"和"民间灯彩"为一体,先后接待了国家、省、地领导,专家学者及美、日、韩、德、英、意大利、联合国教科文组织等海内外游客和贵宾,取得了良好的社会效益和多方的好评。笔者与胡彧写的《婺源傩舞概述》,载入全国艺术科学"九五"规划重点项目——《中华舞蹈志·江西卷》(上海学林出版社 2001 年 12 月)。2003年,浙江卫视播放了长径村傩面和剧团演出的《刘海戏金蟾》《双猴捉虱》。《婺源鼓吹堂》演出的《开天辟地》等节目,接待了时任中央首长尉建行、江西省委书记孟建柱、上饶市委书记姚亚平等领导同志。

2004 年,为了进一步传承和保护文化遗产,成立了"婺源县民间艺术团",与县剧团合二为一,两块牌子一套人马,重点排练了民间现有傩舞节目。同时,根据俞承勋(文化馆馆长)收集的部分原始照片资料,在县华龙木雕厂重新雕刻了李斯丞相、八十大王、六路诸侯、太阳、月亮、土地、孟姜女、蒙恬、夜叉、猴子、仙鹤等 40 来个樟木面具。同年,又请周汉城同志来婺源,新编排了"婺源傩情",获上饶地区演出"一等奖",赴省汇报演出获"二等奖"。

2005 年,为审查申报非物质文化遗产项目,专场为中宣部、文化部及省厅领导演出原生态傩舞《丞相操兵》《追王》《孟姜女送寒衣》等。同年 6 月,由县民间艺术团和长径村傩舞团联合组队,参加"中国·江西国际傩文化艺术周中外傩艺术展演"大会,婺源傩舞《追王》《孟姜女送寒衣》《丞相操兵》分别获得"金奖"和"优秀表演奖"。县天翔木雕厂依照原始傩面剧照制作了一批工艺美术品,其中既有婺源傩面,也有其他省市面具。大大小小数十种,在本次展演销售期间,深受海内外人士的喜爱和赞赏。嗣后,又以"江西省民间文艺家协会"和"江西省婺源熹庐木雕工艺有限公司"名义捐赠八十大王、诸侯等 10 来个仿老照片雕刻的傩面具给长径村傩舞团,取代原有的塑雕面具。

2006 年,婺源傩舞被正式列入第一批"国家非物质文化遗产项目"名录,独舞《开天辟地》赴新加坡参加旅游推介会演出。

2007 年新春伊始之际,婺源傩舞再度进京,在北京玉渊潭公园参加"年俗活动演出"。原生态节目《追王》《丞相操兵》《孟姜女送寒衣》,改编节目《开天辟地》《刘海戏金蟾》《舞小鬼》等,均受到

傩舞进校园

学生傩舞排练

傩舞传承

京城观众的高度评价和赞扬。《北京晚报》《新京华报》等媒体纷纷报道傩舞的演出实况。《京华时报》抢先在头版头条刊登了《刘海戏金蟾》的大幅剧照,题为"傩舞闹春——阔别54年后再度入京"的报道,婺源傩舞为京城市民节目生活,献上了一份难得的厚礼。6月婺源县文化广播电视局荣获国家文化部颁发的"非物质文化遗产保护先集体"的奖牌。

2008年,江西省文化厅艺术规划处盛肖梅女士同笔者一起对婺源民间舞蹈的现状做了摸底调查,其中包括傩舞、道教舞、龙灯、抬阁、豆腐架、香灯等,并将秋口镇长径村、县民间艺术团的"舞蹈数据表"、"艺人数据表"、"会档班社(民间舞蹈演出组织)数据表"一同呈报省厅。4月县民间艺术团的《丞相操兵》在南昌八大山人景区参加了省"非物质文化遗产展演"。9月,省文化厅艺术处召集萍乡市、万载县、南丰县、广昌县、乐安县、婺源县、德安县有关人员,参加"申报联合国教科文组织急需保护名录·'中国傩戏'文本制作座谈会",傩舞申报联合国非遗项目。尔后县文化广播电视局同样举办了一次全县"非物质文化遗产展演"和小学生问答卷活动。建立了长径傩舞陈列馆,成立了"婺源县文化研究所",挖掘、收集、整理和研究婺源民间各类文化遗产工作,县政协文史委员会汇集了婺源傩舞、徽剧、歙砚、三雕、祠堂、建筑、茶艺、篆刻、楹联、医学、民谣、鼓吹、民歌、祭祀非遗项目文章,出版《书乡遗韵》专辑,宣传和保护非物质文化遗产,弘扬民族民间文化艺术。

演员与记者合影

婺源是理学家朱熹故里,自唐开元二十八年(740)建县以来,文风鼎盛,素有"书乡"之美称。自唐宋至清出进士552人,仕宦2665人,文人留下著作3100余部,其中172部选入《四库全书》。由于历史文化的兴盛,大大地推进了乡村文化艺术的发展。婺源既是书乡又是旅游大县,享有"中国最美的乡村"之誉,又是国家级徽州文化生态保护实验区之一,也是江西省鄱阳湖旅游开发区的重点景区,文化生态旅游资源十分丰富。现有国家文物保护单位3处13个点、中国县级第一馆——婺源博物馆、中国历史文化村4个、中国民俗文化村12个、国家级非遗项目4个、省级非遗项目8个、傩舞国家级传承人2人、傩舞省级传人6人、非遗项目传承基地4个。婺源傩舞已经进入了茶楼、舞厅和中小学校园,收到良好的社会效益,得到了进一步的传承和发展。

婺源傩舞自1953年进京演出后,特别是被国家列入"六五"跨"七五"规划期间国家重点科研项目"十大集成志书"《中国民族民间舞蹈集成》以来,在各级政府部门和海内外专家、学者及多方媒体(中央电视台、浙江电视台、江西电视台、安徽台、东南台、天津台及凤凰卫视、香港东森电视台等)的重视和支持下,婺源傩舞第一批列入"国家级非物质文化遗产项目",成了国际傩文化艺术的研究热点,这是一件非常有历史意义和研究价值的大事,我们一定要全力保护。在不断传承的基础上,认真研究,开拓创新,使之发扬光大。让傩舞之花开遍全世界,使中华民族的文化艺术,更加灿烂辉煌!

附录:婺源县傩舞节目调查表

乡镇名称	傩舞节目名称		备注
秋口镇长径村傩舞剧团	《开天辟地》 《丞相操兵》 《夜叉打旗》 《舞小鬼》 《猴子偷桃》 《孟姜女送寒衣》 《带回》 《送药酒》 《小儿抛帽》 《舞仙鹤》 《搭架》	《魁星点斗》 《土地巡逻》 《刘海戏金蟾》 《双猴捉虱》 《太阳射月》 《打松鼠》 《四仙》 《饮毒酒》 《北斗星》 《收场》 《追王》	原有 24 个节目,2 个已失传,1985 年新增两个新编节目:(1)群舞《开天辟地》;(2)双人舞《刘海戏金蟾》。
段莘乡庆源村万顺班	《开天辟地》 《太白金星下凡》 《猴子偷桃》 《天兵地将赌力》 《唐僧取经》 《打回》 《张飞祭枪》 《单和合》 《孙权打子路》 《夜叉打旗》 《丞相操兵》	《刘海戏金蟾》 《猴子捉虱》 《庆寿》 《观音》 《双棒》 《单棒》 《关公磨刀》 《判官醉酒》 《舞花》 《送药酒》 《饮毒酒》	

（续表）

乡镇名称	傩舞节目名称		备注
段莘乡庆源村仁和班	《开天辟地》 《太白金星》 《偷桃》 《天兵地将》 《张飞祭枪》 《张天师遣四将》 《仙鹤磨嘴》 《魁星点斗》 《判官捉小鬼》 《夜叉打旗》 《送药酒》	《双和合》 《捉虱》 《庆寿》 《双棒》 《四仙》 《八仙》 《后羿射日》 《六路诸侯》 《舞花》 《丞相操兵》 《饮毒酒》	
秋口镇李坑村狮傩班	《太白金星》 《三人阵》 《单鼠》 《判官捉小鬼》 《角打角》	《和合二仙》 《双鼠》 《二猴》 《大小钟馗》 《收场》	
镇头游山村	《盘古开天地》 《耘田》	《蛤蟆选耳》	
沱川乡理坑村	《捉蛤蟆》 《笑仵摸鸡屎》 《盘古》	《和尚》 《土地》	

（续表）

乡镇名称	傩舞节目名称		备注
龙山乡坑头村	《土地》	《戏金蟾》	
江湾村	《判官》 《狗面打棍》	《和合》 《红面仿当家》	
江湾村 旃坑村	《打棍》 《和合》 《单猴挑水》 《判官小鬼》	《油麻滴油郎》 《捉虱》 《攀弓射鸟》	

本篇作者简介

◎**洪忠佩**　　江西婺源人，鲁迅文学院结业，中国作家协会会员。1986 年开始写作，发表散文、小说、报告文学等作品 200 余万字。作品散见《人民日报》《中国日报》《中国文化报》《北京文学》《散文百家》《散文选刊》《星火》《创作评谭》等全国各大报刊，多次获奖并入选各种选本，有作品选入初中语文"现代文阅读"试题和高考作文"美文选读"，出版散文集《感谢昨天》《影像·记忆》等。

中国是茶的故乡,茶文化源远流长。茶艺是饮茶的艺术,作为中华茶文化的基本内容,起源久远。婺源茶艺,以千年茶乡茶叶生产、加工、消费为依托,在历史习俗与文化记忆中孕育、形成,堪称中华茶艺中的一朵奇葩。婺源茶艺,以其内涵丰富、意蕴深远、地方特色浓郁,备受茶文化界专家学者的关注。

一、婺源茶艺的形成及其源流

地处赣、浙、皖三省交界的婺源,唐开元二十八年(740)建县,县域面积 2947 平方公里,地跨北纬 29° 01′ ~29° 35′,东经 117° 22′ ~118° 11′。全县地形东北高,西南低,平均海拔在 100 米 ~150 米之间。婺源北、东与安徽休宁和浙江开化交界一线,巍峨耸立的鄣公山、五龙山、高湖山、莲花山、石耳山等,海拔都在千米以上。山地和丘陵是婺源地貌的主要特征,森林覆盖率达到 82%,是中国"绿茶金三角"的核心产区。

婺源,古属徽州一府六县(歙县、黟县、祁门、休宁、绩溪、婺源)之一,历史上襟"吴头"而衔"楚尾",东北部浙岭上至今还留存"吴楚分源"的界碑。婺源境内山峦叠翠,"千谷献奇,万谷汇碧",早在汉、晋时期,婺源就开始了茶的种植

(王钟音在《婺源茶叶产制史》一文中,从茶叶文献、稗官野史、文人诗词以及茶叶发展传播的史实和相邻茶区的产制史中推论而出)。得天独厚的地理条件、优良的生态环境和亚热带东南季风温暖湿润气候,共同孕育出婺源绿茶"汤清、汁浓、香高、味醇"的优异品质。唐宋以来,已成为名冠天下的绿茶产地,素有"茶乡"之称。

婺源盛产绿茶,唐朝陆羽在《茶经》中就有"歙州茶生婺源山谷"的记载。南唐昇元二年(938),都制置使刘津在《婺源诸县都制置新城记》中记述有茶区盛况:"太和中,以婺源、浮梁、祁门、德兴四县,茶货实多,兵甲且众,甚殷户口,素是奥区……于时辖此一方,隶彼四邑,乃升婺源都制置,兵刑课税,属而理

婺源生态茶园

之。"(《全唐文》卷871)。在这篇《婺源诸县都制置新城记》中，刘津已把婺源与浮梁、祁门并列，说明婺源的茶产量并不逊于浮梁、祁门，并在此设税茶机构负责管理四县茶税，说明婺源的税茶额当在浮梁、祁门之上，属税茶大县。

宋朝，婺源产制的茶叶已出类拔萃，《宋史·食货》中对茶叶有"毗邻之阳羡，绍兴之日铸，婺源之谢源，隆兴之黄龙、双井，皆绝品也"的记载。说明婺源的谢源茶，宋代时就已列入全国六大绝品茶之一。《新安广录》曾记载，由于婺源茶叶品质优异被直接征收入贡，因而得到蠲减茶税的优惠待遇。在古代，婺源的产茶数量虽没有史料直接记载，但根据茶价、税率和总税值可以进行推算，婺源宋代税额有五千一百贯左右，茶叶总产量在一千六百至一千八百担之间。至元十五年(1273)，婺源茶课为五千一百多贯，茶产量应在万担左右。明代时，婺源每年茶课钞六千五百贯左右，按商人买茶纳钱取引，每百斤纳钞一贯，产量当为六至七千担左右(王钟音《婺源茶叶产制史》)。但到清嘉庆时，婺源的岁行茶引达二万道，已占全徽州茶引总数的三分之一强，一跃成为徽茶最主要的产地。到同治、光绪年间，徽州

茶号商标印模

茶叶总产已是明代的五倍，岁行茶引达十万道，其中婺源占有三万数千引之多。

光绪二十二年(1896)《徽属茶务条陈》中载记："徽商茶以婺为最，每年约销洋庄三万数千引"(按每引120斤计算，每担100斤外销茶已达四万担左右。如果再加上内销和运往上海加工的茶叶，婺源年产毛茶当在五万担以上)。明中至清初，婺源"四大名茶"——溪头梨园茶、砚山桂花树底茶、大畈灵山茶和济溪上坦源茶均为贡品，一时名重天下。据《中国名茶志》记载：在广州，明代中叶就有徽商的足迹；而西欧茶叶需求导入期，徽州茶商就捷足先登地成为中国最早"发洋财"的茶叶商帮。在明

清时期,徽州茶商的应运而生,成为徽州商帮中的主要商帮,而婺源茶商是徽州茶商中的一支劲旅,其足迹遍及中国,乃至海外。在清乾隆间,茶叶是中国外贸出口主要商品之一。婺源毛茶多运销外埠精制出口,称"土庄茶"、"广东茶",而自制精茶外销的,则称"路庄茶",后称"洋庄茶"。

乾隆年间(1736—1795),婺源人汪圣仪曾与番商洪任辉交结,借领资本,包运茶叶。嘉庆年间(1796—1820),徽商在上海创设的徽宁会馆思恭堂中,婺源巨商胡炳南任董事,下设的多位司事中,有四人就是婺源茶商……清光绪年间的《通商各关洋贸易总册》记载:在九江"业此项绿茶生意者,系徽州婺源人居多,其茶亦俱由本山所出"。婺源茶工制茶"技术精良,为皖南诸县之最"〔民国二十四年(1935)《中国经济志》〕。据光绪《婺源县志》载记:"邑人族人多业茶于粤中";"程国运,渔潭人,尝偕友合伙贩茶至粤";"程赐庚,渔潭人,尝在广州贷款千金回婺贩茶";"李登瀛,理田人,尝业茶往粤,经赣被盗……""清咸丰、同治间,婺源江湾人江灵裕……尝贾温州,总理茶务";洪祥鼎"随父业茶于浙";长径程双元"经商金华,其地多

同里人";梓里王元社"壮贾汉阳,家渐裕,嗣偕堂侄业茶于汉";晓起汪执中"业茶武昌";沱口齐宏仁"积累资金与郎某在汉口合开茶行";鲍德西"以业茶起家,客江苏二十余年"……从清朝乾隆年间开始,婺源绿茶外销,已成为英国贵族中不可缺少的饮品。咸丰年间,婺源俞德昌、俞德和、胡源馨、金隆泰四家茶号,各制绿茶千百箱运往香港销售;俞德盛茶号所制的"新六香"牌绿茶,开始远销西欧。婺源绿茶以"颜色碧而天然,口味香而浓郁,水叶清而润厚"等特点,经久享誉欧美和俄国等国家,曾被美国《茶叶全书》(威廉·乌克斯/著)称为"婺源茶不独为路庄茶之上品,且为中国绿茶品质之最优者。其特征在于叶质柔软细嫩而光滑,水色澄清而滋润。稍呈灰色,有特殊的樱草香气,味特强。有各种商标,以头帮茶最佳"。婺源绿茶先后荣获南洋劝业会金奖、美国赛会奖、巴拿马万国博览会金奖、昆明世界园艺博览会金奖等奖项。

中华茶艺萌芽于中国上至帝王将相,下至平民百姓,中及文人士大夫和佛道教徒的饮茶习俗,而婺源茶艺却酝酿起源于民间的一种茶文化现象——方婆遗风。相传五代时,有一慈眉善目

晓起茶亭

方婆当年烧茶的茶亭

的方姓老妪在婆北浙岭头的茅屋中居住，每日为过往的行人挑夫烧茶解渴，长年累月从不间断，且不收分文。天长日久，人们都亲切地叫她"方婆"。

婺源东北部的浙岭，系吴楚分源之地，冈峦相接数十里，一条十五华里的驿道蜿蜒盘旋，也是徽饶二州的必经通道。方婆辞世后，葬于浙岭边上。过往的商人、赶考的学子感其恩德，途经其墓时捡石堆冢，以报其恩。年复一年，方婆的墓逐渐堆成了高数米、占地一分的大石冢，世人称为"堆婆冢"。明代诗人许士叔过浙岭，留下了脍炙人口的咏叹：

　　撑空叠石何嵯峨，世传其石名堆婆，乃在浙岭之巅、吴山之阿。我来于此少憩息，借问父老元如何。父老为言五代时，有婆姓方氏，结茅岭巅两鬟皤。为念往来渴，均施汤水无偏颇。行人以此尽感激，婆言吾亦期无他。早晚吾骨只埋此，愿将一石堆吾坡。尔来迄今四百载，行人堆石不少差。我亦拾石堆其冢，既行且叹复逶迤。今冢之高过百尺，堆石亦已宁虚过。乃知一饮一滴水，恩至久远不可磨。古人一饭在必报，如此传说夫岂讹。吁嗟俗世人，乃道无恩波。反恩以为仇，此语愚已多。我适来此秋向晚，满屦霜叶仍吟哦。因笔记此堆婆石，慷慨为赋堆婆歌。——《题浙岭堆婆石》

·143·

在婺源,方婆对民间风俗的影响深远,乡民以礼待客,以做好事为荣,在乡村一些山亭、路亭、桥亭、店亭设缸烧茶,不取分文。有的甚至帘旗高挂,上书"方婆遗风"四个大字。浙岭之上,方婆和"堆婆冢",成为婺源民间推崇至善至美的精神象征,影响感化着一代又一代婺源人。后来,婺源的山路村道,凡五里、十里的路亭,总有为村人和行旅备好的茶水。

因此,人们也把这种路亭叫做"茶亭"。茶亭大都用瓦缸盛茶,冷天还用炭火煨着保暖,免费供行人饮用,十分方便。茶亭中,住有人家进行打理,男的在外耕田种地,女的在亭里煮茶做针线。她们经年在茶亭烧茶、敬茶,默默沿袭着方婆遗风,成为婺源茶文化的精神传承者。元代任池州教授的婺源人王仪,赋诗记叙了当时崇山峻岭中茶亭济茶的景象:"五岭一日度,精力亦已竭。赖是佛者徒,岭岭茶碗设。"(《过五岭》)五岭是婺东去歙州必经的谭公岭、芙蓉岭、对镜岭、羊斗岭、扶车岭的总称。五岭随山峦叠起,曲折逶迤,跻攀直上,远离村庄,过往行人特别是挑夫走到这里都非常累。而就在这么偏僻的地方也都"岭岭茶碗设",为过往行人筑亭歇脚、

济茶解渴,可见方婆遗风在婺源的深远影响。

从五代开始,方婆遗风逐渐在婺源形成了富有地方特色的饮茶习俗与用茶风俗。据史料记载:南唐宣歙兵马观察使查文徽,弃官后曾隐居于婺源蚺城(今县城)西郊。此地林壑幽美,更有一泉清澈甘洌。查文徽经常与婺源县令廖平临泉烹茗论道,后人遂称此泉为"廖公泉",并将他们品茶的地方称为"廖坞鹤烟"——列为蚺城八景之一。

婺源人朱熹〔(1130—1200)字元晦、一字仲晦,号晦庵、晦翁,别号紫阳〕是一代儒学大师,一生嗜茶爱茶,寄居武夷山时写下了《茶坂》《咏武夷茶》等诗篇,晚年自称"茶仙"。"客来莫嫌茶当酒,山居偏与竹为邻"。"茗饮瀹甘寒,抖擞神气增。顿觉尘虑空,豁然悦心目"等诗句,便是他生活情趣的写照。朱熹在1176年春回家乡婺源扫墓时,不仅把武夷岩茶苗带回家,在祖居庭院植上十余株,还把老屋更名为"茶院"。当时的茶院有两种功用:一是专事某种茶务的地方;二是设茶供饮的地方。朱熹故园茶院,当属后者。朱熹是理学家、教育家,他借品茶喻求学之道,通过饮茶阐明"理而后和"的大道理。他说:"物之甘者,吃过

而酸,苦者吃过即甘。茶本苦物,吃过即甘。问:'此理何如?'曰:'也是一个道理,如始于忧勤,终于逸乐,理而后和。'盖理本天下至严,行之各得其分:则至和。"(《朱子语类·杂说》)他认为学习过程中要狠下工夫,苦而后甘,始能乐在其中。宋代煎茶仍然沿袭唐代遗风,在茶叶中掺杂姜葱椒盐之类同煎,犹如大杂烩而妨茶味。朱熹对学生说,治学有如这盏茶,"一味是茶,便是真才,有些别的味道,便是事物夹杂了"。(《朱子经类》)朱子巧妙地运用这一比喻,既通俗易懂又妙趣横生……南宋以来,特别是明代,婺源因是朱熹故里,儒学盛行,文风鼎盛,奉行朱子《家礼》,礼仪甚严,作为待人的茶礼就更为讲究。

茶,是婺源人日常生活中不可或缺的一部分。婺源人饮茶成习,一天之中就有"朝茶"、"午茶"、"夜茶"之说。"朝可不食,不可不饮"。早晨起来洗漱完毕,泡一杯绿茶,细品慢饮,让清新的空气与绿茶的清香沁人心脾;午饭之后,浓茶一杯,消食健胃。喝午茶与朝茶不同,讲究的是浓。夜幕降临,一杯香茗饮庭院,一天劳作的疲倦也就烟消云散了,也就有了一份惬意。婺源人有句俗话:"开门七件事,柴、米、油、盐、酱、醋、茶。"

民居茶室

新发的芽茶

"一杯春露暂留客,两腋清风几欲仙。"清代诗人郑清之〔(1176—1251),初名燮,字德源、文叔,别号安晚〕仅用十四字茶联,就给人们描述了茶礼的妙处。婺源人以茶为礼,不断提升生活品位。在婺源人家,茶礼、茶俗蔚然成风:饮茶习俗是"客来斟茶,双手捧上",客到,主人第一礼便是上茶,情感真挚,朴素大方。贵客到、逢年过节、婚丧喜庆等,讲究吃"粿籽茶",还有"浅茶满酒"或"七分茶八分酒"之说。婺源茶乡,风俗中有许多都与茶有关:姑娘出嫁前要用最好的茶叶扎一朵"茶花",出嫁时就在亲朋宾客面前冲泡,敬公婆和宾客。亲友姑嫂便围着这朵"茶花",夸赞新娘心灵手巧。新人出嫁带给婆家一人一双的新鞋中,每一双都要放些干茶叶,取"茶叶年年发新枝,采(踩)不尽芽还发"的寓意。

成亲后,新婚的第三天一早,过了门的媳妇要亲自烧水泡茶孝敬公婆。另外还有请"新郎茶"的习俗。新婚后的新一年正月,老丈人家的亲友要"接新客"(即:接新郎官)。这天,新郎官要是醉了,主人家才有面子,所以都要请几位酒量大的宾客作陪。而新婚不久的妻子则怕丈夫贪杯,便会泡好一杯浓茶在旁察看,不时地递给丈夫,以解酒防醉。还有,年三十晚,婺源人家要在灶前为灶司老爷备茶坐寿(守岁)。大年初一开大门祭祖宗时,先要摆上"桌盒"(内装茶点),再向祖宗拜揖、焚香、献茶。

在婺源,茶还成了药的代词,婺源人去药店点中药,不直接说"点药",而是说"点茶";见人煎药时,也只能说是"煎茶"……婺源人家遇到丧事,报讣的人必须喝了主人家泡的茶后,才能说出死者的身份、名字;祭奠结束,吊唁的人也必须喝了主人家的茶后才能离开,民间传说这样能免遭不测……婺源人还有以"茶"起地名的习惯:茶坦、茶坞、山茶村、茶坑溪村等等。婺源村庄学堂的办学经费,除学田外,还按不同比例征收"茶厘"(茶租),以补充学生"膏火"(求学的费用)。地域性的茶艺与茶俗,都是构成一个地方茶文化的基础。婺源极具文化内涵的茶事习俗,经久地在民间口耳相传。在文人雅士的推动下,婺源茶艺开始萌芽,后来不断得到丰富发展。婺源独特的历史背景和地理位置,使婺源茶艺融进了更多的地方特色和文化内涵。

◥ 二、受地方茶文化浸润的婺源茶艺 ◤

婺源的茶文化,根植于民间社会生活的沃土,在其历史发展进程中,以一种民间文化形态,经久地浸润着婺源茶艺的孕育、形成,以及丰富与发展。茶艺,是一种生活艺术,扩展开来,每一位爱茶品饮者,都称得上是茶艺家。婺源茶艺的特质是民间的,分布区域遍布城镇乡村,其内容涵盖了茶俗、茶道、茶技等等。婺源文化底蕴深厚,茶文化特色明显,与之集合萌生的茶亭、茶诗、茶联、茶歌、茶故事、茶规等等,对婺源茶艺的浸润根深蒂固。

茶园里的茶亭

【茶亭】

婺源人受方婆遗风和朱熹儒家思想的熏染与陶冶,讲究儒家、佛家的行善施舍和普济众生。在行人过往的乡间道路和崇山峻岭中的驿道上,邻近的村民(或宗族或个人)往往捐资建设茶亭,专门为过往行人供应茶水。每一座茶亭,成了行人小路迢迢中歇憩的驿站。古往今来,婺源乡村的公用建筑,除了祠堂,数量最多的当属茶亭。清代,仅县志中记载的茶亭就有130多座(民间茶亭的数量有180多座)。茶亭无论是砖木结构的,还是砖石结构的,都有一个儒雅的亭名。譬如:镇头的茗香亭、谭公岭的甘泽亭、清华的延芳亭、沱川的毓秀亭,以及憩云亭、澄心亭、慈荫亭、瑞庆亭、善济亭、种德亭、仁寿亭、孝思亭、济口花亭等等,古朴民风可见一斑。亭柱和门框,有的还题有赞颂茶俗乡风或表达行人感激之情的对联。

婺源有关茶亭捐建维修,县志和族谱中均有许多记载。比如:虹关詹绳祖,"输租浙岭煮茗";城北王德俊,捐资修五岭并重建茶亭;漳村王士镜,"于婺北船槽峡等处置茶亭";江湾村江文枚,建

驿道上的古茶亭

造邻村镇头茶亭；玉川村胡昌龙，在路边建亭烧茶方便行人；理田村李天钧，捐资修建金章、古箭两座茶亭；霞坞村叶永享，修永寿庵济川亭并为路人煮茗解渴；思溪村的江霖虽在山东经商，但家乡"修岭葺桥建亭施茗"，他都慷慨施助；长溪戴丕政，捐资修村外庄林岭，并在岭头亭煮茗烧茶；龙腾俞文英，出资在排岭澄心亭烧茶济客等。茶亭都有专人负责，大的茶亭还设有"守亭人"专事管理。茶亭中茶水等开支费用，有的是由宗祠的田租支付，有的是由个人认捐负担，不假他人。如段莘汪日新，因伯祖廉宪公建造的廻岭茶庵年久失修，他便出资重修，还每年供应守亭人饭食，嘱其安心烧茶。有的则由众人捐田捐租，济助茶亭。今冲田梅岭的"积庆义济茶亭"，仍立着一块清代光绪二十七年(1901)的石碑，上面镌刻着当时六位村人为茶亭捐租租额以及田地所在的土名。

婺源每个村庄或宗祠对茶亭的管理，虽然都是约定成俗的，然而，从冲田梅岭"积庆义济茶亭"立的八条勒石条规中，不难读出村庄(宗祠)把茶亭作为公共场所，对"守亭人"要求之严格，违规处罚之严厉：

一、设添灯一炷，夜照人行，灯火不得熄灭，如违议罚。

二、长生茶一所，无论日夜不得间断匮乏，如违重罚。

三、客行李什物倘有失落，查出住亭人私匿，先行议罚，再行逐出不贷。

四、住亭人不得引诱赌博，查出议罚逐出。

五、住亭人不得开设洋烟，查出议罚逐出。

六、住亭人不得窝藏匪类，留宿异端，查出议罚逐出。

七、住亭人持事逞凶，无故闹事，报知村内定行议处。

八、梅岭勘每逢朔望之日,住亭人须打扫,如违查出议罚。

同时,积庆义济茶亭的碑文还记载了茶亭捐租者芳名、租额及地点,从细节上反映了婺源人乐济好施、助人为乐的良好风尚。其实,婺源不仅路亭免费供应茶水,桥亭、商家店亭也设灶济茶。

【茶诗】

寂寞山林日影斜,绿荫深护几人家。
我来恰值炊烟起,满座香风酒与茶。

这首七绝,是清代光绪年间,婺源人张光禄在甲路羊岭下的"酒肆茶亭"前写下的。而下面三首是写婺源茶商俞仰清(1902—1963)"祥馨永"茶号产品及其包装的诗,但作者已无处可考:

咏珠兰花茶

北源山翠绿丛丛,吸取精华雾露中。
换骨轻身传奥秘,涤烦耐渴著奇功。
香浮玉盏牙生液,凉彻心胸骨透风。
寒夜客来堪当酒,至今高傲想坡公。

兰芳茶庄双窨珠兰藏头诗

兰气超群众媚王,芳融瑞草妙浑香。
茶名云雾钟黄海,庄辟星江近紫阳。
双合龙团兼雀舌,窨成金粟抵琼浆。

珠讯善贾都无价,兰室倾谈好品尝。

"协和昌"包装广告诗
(抗日战争时期)

抗日战争,材料缺乏。
改变包装,实在无法。
香气不差,内质不杂。
内外兼销,零批趸发。

说起婺源的茶叶历史,不能不提俞仰清和他父亲俞杰然。据民国《重修婺源县志》载,龙腾俞杰然建祥馨实业花园,"种珠兰、茉莉数千盆,为制茶之用"。他以高山绿茶为原料,窨以珍贵的珠兰鲜花,用传统工艺,创制出"珠兰精"名茶,其品质优雅,风格独特,条索紧结重实,色泽碧而明亮,香气幽雅纯正,滋味鲜爽醇厚,不仅被朝廷列为贡品,且成为当时的"官礼名茶"。清宣统二年(1910),经南洋劝业会审查报农工商部获金牌奖,并于民国四年(1915)一举夺得"巴拿马万国博览会"一等奖。俞仰清承继父业,精心茶业。为扩大精制茶生产,提高效率,降低成本,他于民国十六年筹巨资购进一套德国产的机械设备,在龙腾村办起了婺源第一家精制茶厂——祥馨永茶厂,从而成为婺源茶

茶号制茶工具揉床实物

叶精制加工机械化的第一人。

婺源绿茶产品丰富,开设茶号①众多,当地文人雅士吟咏的茶诗也数不胜数。清末秀才俞允超(思溪人)、民国时期大畈人俞家珠、民国时期南京现代中学教师胡质孚(秋口洙坦人)均留下诗篇:

【茶号诗】俞超群

考水茗占元

茶号牌名茗占元,买来绿甲嫩开园。
色香与味俱佳妙,番佛高沽满万尊。

瑞草魁绿茶

瑞草生香独占魁,加工精制出新裁。
申江运到推良品,善价而沽得意回。

注:录自《文字知音》。民国五年(1916)手抄本。(注)手抄本现存婺源县思口镇退休干部朱德馨处。

大畈陆香森茶号　俞家珠

茶叶萧条叹望洋,利权外溢国难强。
公多佳制驰名誉,大陆人人齿颊香。

赞大畈金竹峰名茶　俞家珠

重峦翠嶂雾迷茫,峭壁泉流冷润长。
金匾流辉明帝敕,细眉上贡御龙尝。
剑毫嫩绿芳菲溢,雀舌微黄品味香。
大畈四珍茶为首,陆香森号誉重洋。

注:金竹峰茶曾由明代大畈人汪镃[(1466—1536)字宣之,行荣四,号诚斋。明嘉靖朝太子太保、吏部尚书兼兵部尚书,历史上第一位倡导"师夷制夷"的军事家,创造了师夷之长技以驭夷狄的成功战例]列入贡品上贡明皇,受世宗朱厚熜赞誉而钦敕御书"金竹峰"三字金匾。

---

①类似于如今的茶叶精制厂,但组织结构比工厂简单。一般设经理、掌号(也称"作头",是制茶的总管)、会计各一人,水客(制茶业界的俗称,也叫"庄客",为鉴茶技术人员,主要负责到产地收购毛茶)若干人。

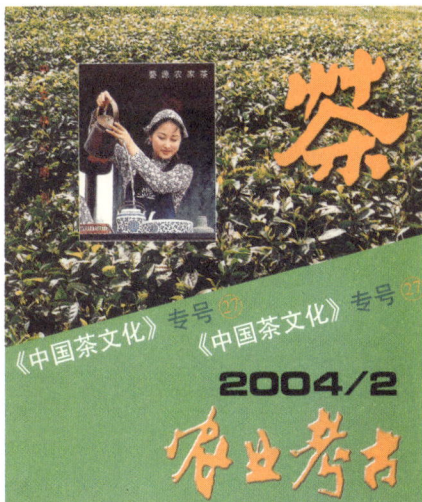

婺源茶文化专刊

采茶歌 胡质孚

其一
处处茶园绿若云,采茶男女尽成群。
笭篮小凳满山野,相对喁喁笑语纷。

其二
春雨连绵去采茶,姑娘齐集小山洼。
纤纤十指如春笋,难禁菜荑玉手搓。

其三
家家户户采茶忙,男插田禾女荷筐。
同唱山歌破寂寥,口脂香里杂茶香。

【茶联茶故事】

对联讲究对仗与意境,是中华传统

文化中出彩的部分之一。婺源人把茶列入了对联吟诵的主题,佳对频现。民国四年(1915),思口龙腾村俞祥馨"协和昌"茶庄产制的珠兰精茶,延村金氏"鼎盛隆"茶号精制的绿茶,均在巴拿马万国博览会上展出获一等奖。俞祥馨的协和昌茶庄就有三副嵌字联,颇有意味:

1. 把"协和昌"三字嵌入文内的门联:

协力同心均遂意;
和气生财必大昌。

2. 把"熙春、雨前、云雾、香片、家园"五个茶名,巧妙地嵌入文内的楹联:

熙雨布云瑞香纷家园;
春前花雾秀片放园林。

3. 以宣传"茶能提神"为内容的联文:

味有清香,唤醒故都之旧梦;
酒消烦国,聊资贡献于新安。

在民国时期,思口西冲人俞尚群也写了一副嵌"茗占元"字号的茶联〔录自《文字知音》民国五年(1916)手抄本〕:

茗战星江色香并占;
元抢春浦名利兼隆。

婺源既是茶乡,又是书乡。历史上,

采摘新茶

茶画

有名可考的茶亭有130多座。亭中的楹联十分丰富,且妙趣横生,有的还铺陈出一个个生动的故事,口口相传。婺源县东门城外五里岭有一座茶亭,传说一位当过知县的进士,应邀为此亭写了一副楹联:

因甚的走忙忙,这等步乱慌张,毕竟负屈含冤,要往邑中伸曲直;

倒不如且坐坐,自然神收怒息,宁可情容理让,请回宅上讲调和。

俗话说,无巧不成书。此联贴出不久,某村就有两位村民要进城打官司。他们汗流满面,气喘吁吁地走到五里岭,见到茶亭上的楹联,都不由得愣住了。细细读来,心想这新贴的对联难道是为他俩写的? 进亭喝茶,又听守亭人说这副对联是当过知县的进士所写,两人就更觉奇怪了,难道进士知道他们要来打官司? 这两村民本是隔壁邻居,为了争宅前的一点空地而经常吵架,公说公有理,婆说婆有理,一气之下竟然要进城打官司。两人坐了一会,汗止了,气好像也消了些。其中一个村民又去看了看对联,琢磨着知县大人的劝告,忽然大声说:"这官司,我不打了!"另一个村民也省悟了:"行! 我也回头!"于是,两位村民一前一后往回走了。一传十,十传百,这件事很快就传开了。后来,人们便把东门城外五里岭称为"回头岭"。

到了清末,曾担任江西审判厅厅丞的婺源人江峰青(1860—1931,字湘岚,号襄楠),奉母还山,回到家乡。他是饱学宿儒,能诗善画,更是撰联高手,有乡友向他求字,遂以回头岭茶亭的故事写了一副对联:

> 莫打官司,三个旁人当知县;
> 各勤稼穑,百般生意不如田。

古语说,当事者迷,旁观者清。江峰青身为法官,在官场多年。他这副楹联不只劝告乡亲息讼,更表达出其以农为本,安于耕种的农业社会伦理观念,且语言简练通俗。前后对比,江峰青的联文比回头岭上的联文当更胜一筹。

婺源文风兴盛,历代读书做官的不乏其人。历代出进士、举人一千多人。由进士而任官吏者,其中四品以上就有一百四十多位。在西北乡的桃溪村,从明代成化、嘉靖年间共出了四十位进士,其中一房出了九个进士,潘潢(1496—1555,字荐叔,号朴溪)在户、工、吏、兵部任过尚书。于是,村中有一副闻名遐迩的对联:"一门九进士,六部四尚书"。桃溪人气魄之大,自豪之雄,从中可见一斑。

相传有一天,桃溪几个文人到清华洪村做客,与洪村雅士品松萝茶时,以茶助兴,出了上联要洪村人对。联文是:绸缎纱,官宦家,不是官宦家,不穿绸缎纱。

洪村人一看,知道桃溪又在炫耀村中出的官多。不过,这上联也确实出得绝,才华毕露,无懈可击。洪村人当然也不甘示弱,一边慢慢品茶,一边苦思冥想:"'绸缎纱'都是绞丝旁,都是布,而'官宦家'又全是宝盖头,这上联确实出得妙呀,妙!"

酽茶三道,一阵茶香扑鼻,洪村人思路豁然开朗,下联随口而出:茶菠莁,行径德,不喝茶菠荈,不配行径德!

桃溪人仔细推敲:"'茶菠荈'都是草字头,也都是茶之古字,'行径德'都是双人旁,'径'同'俭'音(婺源方言),这不正是体现了陆羽的'茶性俭,最宜精行俭德之人'的意蕴吗?这下联真是对得奇呀,奇!"桃溪人赞叹之余,不得不心悦诚服。

茶联中还有许多淳朴自然,别有情趣的妙作。秋口镇秋溪村的一座茶亭就写有这样一副楹联:

面前这间小屋,有凳有茶,行家不妨稍坐憩;

两头俱是大路,为名为利,各人自去赶前程。

再有,"忙中偷闲,坐且行,行且坐;劳极思逸,谈而笑,笑而谈。"看似平淡,却耐人细品。"走不尽的长路,歇一歇再行前去;想不完的心思,停一停暂且丢开。"更是喻世劝人,回味无穷。

"茶品如人品。"婺源茶商在历史上还留下了许许多多扶贫济困和诚信经营的故事:

相传,咸丰年间,嵩峡村茶商齐彦钱采购了一批茶叶到上海去销售,不想被行主欠茶款多达五千多两银子,有家不能回。齐彦钱急得团团转,又担心家乡的老母为他焦虑,五内俱焚,竟当场气昏在茶行。行主吓坏了,赶忙抢救,并立即兑付了五百两银子。齐彦钱拿到银子准备回婺源,忽见同行的几位茶商也因茶行拖欠货款无钱回家,既窘迫又着急。都是天涯沦落人,齐彦钱想都没想,立即将五百两银子与同行平分,帮助他们一起回家。

中国铁路之父詹天佑的曾祖父詹万榜世居婺源庐源(浙源庐坑),18世纪初下广东做茶叶生意。后来,他儿子詹世鸾"为佐父理旧业"也于"壬午(1763)贾于粤",走广东继续经销茶叶。詹世鸾贩卖茶叶发财后,把全家从庐源迁进了广州,过起了城里人的生活。有一年,关外失火,不少同乡遭灾,连回家的盘缠都没有,他慷慨拿出"不下万金"予以资助。

在清代,婺源石岭村有一位名叫程焕铨的茶商,与兄弟合伙贩茶,一次亏损了数千金。广东番禺有位叫张鉴的商人,委托程焕铨雇船运两万斤食盐到海南去。没想船到海南时,张鉴死了,盐没人接收。一同前往的兄弟见找不到货主,又没订合约,就提出把盐卖了,一来用于付运费,二来也可以弥补贩茶的巨额亏损,他没想到被程焕铨严词拒绝

苏联茶叶专家考察婺源渔潭茶厂

了。后来,程焕铨辗转找到张鉴的儿子,把两万斤食盐一两不少地交给了他。

在婺源茶商的故事中,让人们感受到了婺源"仁道德行"为核心的茶文化的体现。婺源茶商扶贫济困的故事,像星江河一样奔流不息:沱川茶商余锡升在湖北经销茶叶,有一年当地发生水灾,到处都是难民,余锡升义无反顾,大力赈灾,捐款数额达数千金。当地人十分感激,为他送上了"积善余庆"的匾额;渔潭茶商程锡庚,在广东贷了一笔巨款回婺源贩茶。在返乡途中,恰遇江西发生大灾荒,百姓流离失所。程锡庚见后竟把贷来的钱一路施舍给难民。当他走到饶州的时候,身上已所剩无几。途中,程锡庚又遇见一个卖妻抵债的,他竟把剩余的钱全部给了卖妻者还债……

【茶歌】

茶歌的来源,主要是由诗而歌,由谣而歌,以及茶农、茶工创作的民歌或山歌,婺源茶歌属于后者。千百年来,茶既让婺源人的生活艺术化,亦让婺源人的生活充满了诗情画意。每当清明、谷雨时节,婺源山村因茶而充满灵韵。在这样的季节里,也是婺源茶歌传唱的黄金季节。山路上、茶园里、茶锅旁,处处茶

茶园春韵

歌缭绕。婺源的茶歌,是婺源人在生产活动中(尤其是采茶)抒发情怀的一种小曲。茶歌唱久了,就形成了自己的曲牌,一个调子,随人填词。在婺源茶歌中,有唱爱情的,有唱茶事的,也有唱故事传说的。编入《婺源县民间歌曲集》(1981年编选,共收入婺源民歌138首)的《十二月采茶》,就是结合茶叶生长以及四时八节的自然景象,演唱神话传说、历史演义以及民间故事的,语言通俗易懂,曲调优美动听,节奏轻松活泼,具有浓郁的地方色彩和独特的民间风味:

正月(呀)采茶(哩)是新(呀)年(啦),
八仙(呀)飘海(哩)不用(呀)船(啦)。
太白(呀)金星(哩)云雾(呀)走(啦),
王母(呀)娘娘(哩)庆寿(呀)年(啦)。[注]
二月采茶正逢春,大破采石常遇春。
遇春手段本高强,杀进敌营乱纷纷。
三月采茶桃花红,手拿长枪赵子龙。
百万军中救阿斗,万人头上逞英雄。
四月采茶做茶忙,把守三关杨六郎。
偷营劫寨是焦赞,杀人放火是孟良。
五月采茶是端阳,行山打猎咬脐郎。
滨州做官刘智远,三娘受苦在机房。
六月采茶热难当,刘秀逃难到乌江。

姚期马武双救驾,二十八宿掌朝纲。
七月采茶秋风凉,两国相争定君王。
霸王不听范增话,倒把韩信随汉王。
八月采茶是中秋,隋炀皇帝下扬州。
一心要把琼花看,万里江山一夜丢。
九月采茶菊花黄,关公驮刀斩蔡阳。
斩得蔡阳头落地,张飞跪下接云长。
十月采茶小阳春,披枷带锁玉堂春。
关王庙会王公子,如何受苦到如今。
十一月采茶雪花飞,项王垓下别虞姬。
虞姬做了刀下鬼,一对鸳鸯两处飞。
十二月采茶又一年,好个吕布戏貂蝉。
吕布辕门斩董卓,笑煞王允在眼前。
[注]:以下每句都有"呀、哩、啦"语音助词。

俗话说:"无郎无姐不成歌。"情歌在婺源茶歌中占有很大的比重。《三月清明采茶天》则是首情歌,唱的是男女情爱。只要聆听其中一段,便能感受到歌词的朴实真挚,曲调的优美动听:

三月清明采茶天(啦哈哩)采茶(哟)天(哩),
姐上山来哥下田(啰咧)哥下(哟)田(哩)。
新芽当摘赶紧摘(啦哈哩)赶紧摘(啰),
秋茶叶老又一年(啰咧)又一年(哟喂)!
……

茶歌"三月清明采茶天"

　　茶歌唱多了，就有了自己的曲牌。月转星移，随着时代的发展，男女爱情观念的变化，《三月清明采茶天》曲调没变，歌词有了变化：

三月清明采茶天(啦哈哩)采茶(哟)天(哩)，
挎篮爬岭摘毛尖(啰咧)摘毛(哟)尖(哩)。
山歌想唱梦中事(啦哈哩)梦中事(啰)，
小口未开先红脸(啰咧)先红脸(哟喂)！
三月清明采茶天(啦哈哩)采茶(哟)天(哩)，
妹上山来哥弄田(啰咧)哥弄(哟)田(哩)。
喊破喉咙哥不应(啦哈哩)哥不应(啰)，
干脆唱到妹跟前(啰哩)妹跟前(哟喂)！
三月清明采茶天(啦哈哩)采茶(哟)天(哩)，
忽晴忽雨起云烟(啰咧)起云(哟)烟(哩)。
打开小伞谁来共(啦哈哩)谁来共(啰)，
陪我采到日头偏(啰哩)日头偏(哟喂)！
三月清明采茶天(啦哈哩)采茶(哟)天(哩)，
伞小才好肩并肩(啰咧)肩并(哟)肩(哩)。
莫讲从早采到晚(啦哈哩)采到晚(啰)，

哥愿陪你一百年(啰哩)一百年(哟喂)！

　　婺源还有一些茶歌，采用茶歌曲调，其歌唱内容并不限于茶事，生活气息浓郁，如《茉莉姑娘》：

茉莉姑娘病在床，水仙公子泪汪汪。
秋菊芙蓉来服侍，百合海棠坐两旁。
金桂银杏来打轿，要接高明柳先生。
春兰就把先生接，杜鹃石榴抬药箱。
姐妹双双来探病，瑞香姐姐奉茶汤。
问问姑娘什么病，头痛石榴鸡冠血。
若想姑娘病要好，除了葵花命不长。
水仙葬了梅花葬，蝴蝶葬在并蒂旁。

　　又如《浪子歌》：

……
四月浪子日正长，农夫割禾日日忙。
东家叫我担茶饭，西家叫我送茶汤。

手工揉茶　　　　　揉茶

......

　　茶歌是从茶谣开始的。婺源的茶谣也十分丰富，多是茶农口头创作，用方言吟唱，既通俗流畅，又押韵上口。它和其他许多歌谣一样，说的是身边事，唱的是心中情，寄托的是人们对美好生活的憧憬和向往。《摘茶姐卖茶郎》就是这样一首茶谣，风格清新，寓意美好，同时也从一个侧面反映了婺源崇文重教的风尚。

　　摘茶姐，卖茶郎，
　　一斤糕，两斤糖，打发哥哥进学堂。
　　读得三年书，中个状元郎。
　　金童来报喜，玉女来送房。
　　阿姐做新人，阿哥做新郎。

　　婺源还有小孩唱的茶谣，也叫儿歌，如《亲家伢来吃茶》这首，语言直白，生动诙谐。婺源山村孩童用方言土语吟唱，更是妙趣横生：

　　的的笃，笃枇杷，亲家伢，来吃茶。
　　百样果子都有哈，差之白糖和芝麻。

【茶礼】

　　婺源的民俗多彩，富有文化内涵。茶，不仅给婺源人带来了生活情趣与意境，还成为一种民俗的载体。在婺源古俗中，"茶礼"的意思并非礼仪、礼节，而是指聘礼：男方下聘，无论聘礼中是否有茶叶，都叫"下茶"、"茶定"，女方接受了茶礼，就叫"吃茶""受茶"。接受了茶礼，也就意味着亲事定了。

【有关茶内容的谚语】

　　婺源民间有许多以茶为内容的谚语，如：

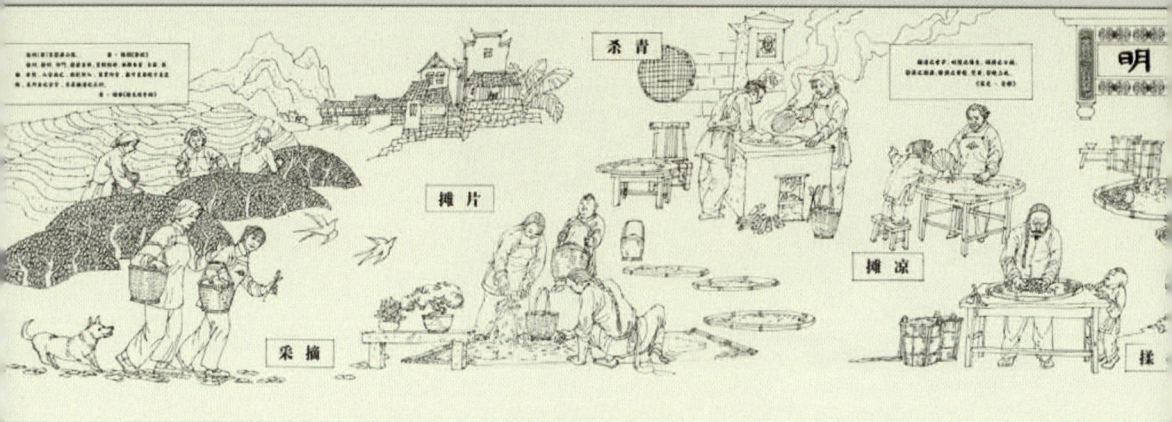

明清制茶流程图

男也勤，女也勤，三餐茶饭不求人。
朝霞夜霞，无水烧茶。
夏前茶，夏后夹，再不摘，老成渣。
七挖金，八挖银，七八不挖懒农人。
茶叶两头尖，三年两年就发癫。
……

【茶规】

历史上创制于明初的松萝茶，以产于安徽休宁的松萝山而得名，具有"条索紧卷匀壮，色泽绿润；香气高爽，滋味浓厚，带有橄榄香味；汤色绿明，叶底绿嫩"等品质特点。松萝茶的采制技术，早在三四百年前就达到精湛的程度，并扩展到浙、赣、闽、鄂等省。松萝茶是当时绿茶中的珍品，古人曾有"松萝香气盖龙井"的评语。明朝冯时可在《茶录》中

写道："徽郡近出松萝茶最为时尚，远迩争市，价候翔涌。"婺源、休宁古属新安郡，地理毗邻，地貌、气候极为相似，松萝茶的生产从休宁扩展到了婺源。清华洪村在历史上是盛产松萝茶的村庄。由于洪村松萝茶色、香、味皆优，因此，当时来洪村收购的茶客很多。清道光四年（1824）五月初一，洪村人在洪氏宗祠——光裕堂门外围墙上刻立了一块"公议茶规"的青石碑（石碑高1.5米，宽0.7米），其内容堪称我国古代诚信经营的典范。《婺源县洪村光裕堂公议茶规碑》既是洪氏宗祠光裕堂宗族性的乡规民约，也是洪村全村性的乡规民约，该规约开首即指明系全村公议：

合村公议演戏勒石，钉公秤两把，硬钉贰拾两。凡买松萝茶客人村，任客

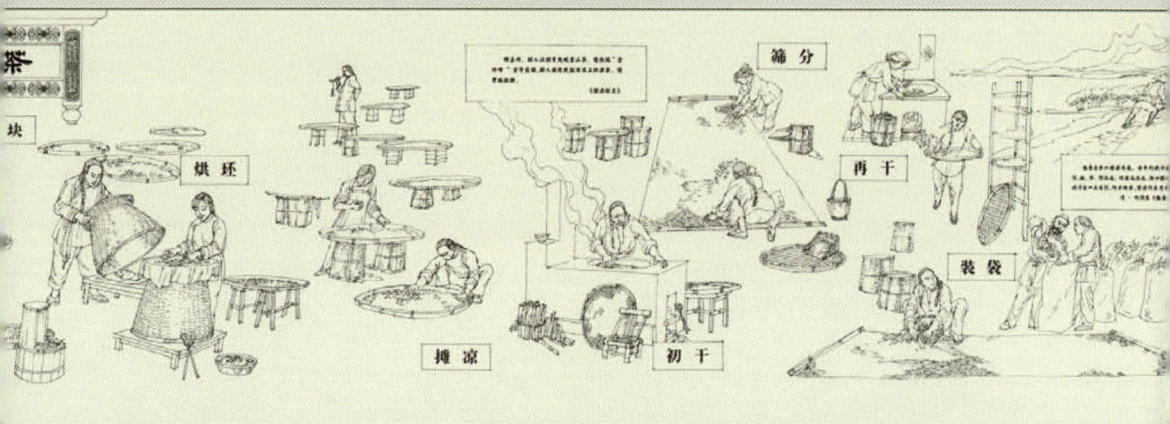

投主人祠校秤，一字平称。货价高低，公品公买，务要前后如一。凡主家买卖，客毋得私情背卖。如有背卖者，查出罚通宵戏一台、银伍两入祠，决不徇情轻贷。倘有强横不遵者，仍要倍罚无异。

【茶号】

茶叶从毛茶制成精茶，需要筛分、补火、拣杂、再分筛、抖筛、撼分、补火、割末、风扇、拼配等工序。成品后，还要装锡罐、套木箱，外用箬叶竹篓包扎。在精制时，需要有筛场、扇场、撼场、拣场、包装场等等，因此，经营者独资或合股开设的茶号、茶行、茶厂应运而生。民国二十三年（1934），婺源县内开设的茶行、茶号、茶厂有178家，民国三十年增至243家（《婺源县志》1993年版）。从开设的茶行、茶号、茶厂数量，不难看出婺源茶商队伍之庞大，经营之有道，实力之雄厚。随着他们的足迹，也将茶乡的风俗礼仪和人文情怀带到了外地，因此，他们对婺源茶艺的传播影响深远。早在清代，婺源茶商已把茶号开到了皖、浙、鄂、赣、沪、穗等地，民国二十七年，婺源茶商仅在屯溪开设的茶号就有14家。婺源历代茶号数量众多，兴衰变化也较大，虽然记载不详，但有文字可查的仍有240多家，现辑录一部分：

万　孚：清乾隆间（1736—1795），庐源（浙源庐坑）人詹世鸾开设于广州西关外。

益　芳：清末，裔官人汪益源开设于上海。

林茂昌：清末，晓起人汪晋和创立

于屯溪。

协和昌:清初,俞氏创设于龙腾。曾于咸丰七年(1857)在饶州鄱阳设"协和昌茶庄"分号,于清末在湖北沙市设"协和昌茶庄"分号,于民国十九年(1930)在上海设"天山茶庄"分号。

俞德盛:清道光间(1875—1908),俞德盛开设于鹤溪。

鼎盛隆:清末,金辅仁开设于延村。

祥馨永:清光绪间(1875—1908),俞杰然开设于龙腾村。

陆香森:清末开设于大畈。

聚芳永:光绪二十七年(1901),王廷芳开设于词坑。

一家春:光绪二十九年(1903),汪无中、王化生、王大中合资开设于晓起。

晋和祥:光绪三十一年(1905),江成太开设于溪头。

怡新祥:孙友樵开设于屯溪观音山。

永泰新:孙绍尧开设于屯溪后街。

亦泰怡:孙广经开设于屯溪后街。

心斯永:汪秋圃开设于屯溪后街。

源丰祥:孙绳武开设于屯溪下黎阳。

振昌椿:方君立开设于黟县渔亭。

裕　昌:孙毓山开设于屯溪后街。

孙缉记:孙益臣开设于屯溪后街。

源　兴:汪叔铭开设于屯溪观音山。

公新祥:汪镜垣开设于屯溪上黎阳。

义芳祥:孙竹安开设于屯溪下黎阳。

大源祥:张彦昭开设于屯溪上黎阳。

永达祥:夏甫田开设于屯溪下街石桥头。

林兴祥公记:洪步丹开设于屯溪阳湖。

益品香:民国二年(1913),江充高开设于晓起。

广兴隆:民国四年(1915),李镜中开设于李坑。

祥瑞恒:民国四年,张日龙开设于溪头。

周兴永:民国五年(1916),江余晟开设于晓起。

福生祥:民国五年(1916),詹裕良开设于秋溪。

信和祥:民国六年(1917),江芳太开设于大畈。

义盛祥:民国六年(1917),程步高开设于上坦。

裕兴祥:程润生开设于漳村。

王永益:王亮辉开设于官桥头。

大　顺:王伸臣开设于词坑口。

公　和:王连德开设于长皋。

郎慎泰:郎仲昭开设于沱口。

义芳春:开设于县城。

复熙隆:程长城开设于长径。

广益祥:郑卫衡开设于岭底。

程大盛:程炳昭开设于盘山。

同兴隆:汪日卿开设长尧。

……

洪利大:洪俊人开设于清华。

郑鉴记:民国十一年(1922),郑鉴源开设于沙城。

郑德记:民国十一年(1922),郑焕章开设于词坑口。

鉴记芬:民国十一年(1922),郑鉴源开设于词坑口。

……

【茶具】

据《婺源博物馆藏品集粹》载记,婺源从唐代开始,到明代中期止,有着700多年的制瓷史,加上婺源又毗邻景德镇,是历史上饶州至徽州直达杭州的主要通道,有大量的景德镇瓷器由此流向市场或入贡朝廷,因此,流入民间的瓷器较多。同时,婺源的文人雅士、茶商木商,甚至官宦遍布各地,他们带回的陶器、紫砂均汇集婺源……婺源是著名的茶乡,从婺源博物馆珍藏的古茶具中,便可探寻到婺源历史上茶具之丰富。

茶具

红木茶托盘

青白瓷刻花扣银斗笠碗 青白瓷葵口折腰盘

【青白瓷芒口菊瓣汤瓯】〔北宋·靖康二年(1127)口径:10厘米,高:6厘米〕芒口覆烧,直口弧壁,平底足,内壁素洁闪青,外壁刻画菊瓣,刀法简练,器物口沿与扣银处有凹纹二道,扣银依稀可见。胎薄质细,釉色透明晶莹,制作精巧。

【黑釉扣银天目盏】〔南宋·嘉定四年(1211)口径:12.5厘米,底径4厘米,高:7.3厘米〕侈口,弧壁,口沿扣银,深腹平底,圈足露胎处有支烧点。施黑釉,釉亮如漆,外壁下部有垂流积釉现象,有兔毫纹。

【青白釉托盏】(北宋。通高:8.8厘米,盖高:5.5厘米,杯高:3.3厘米)托、

锡茶壶

青花瓷杯

紫砂壶及双胆紫砂壶

圈足较高,足内无釉。圈足上有一圆盘,中心部位高起托圈,可放盏杯于上,呈莲瓣形。杯,敞口,斜腹,圈足外撇,壁有六条浅摆,在口沿处稍稍内收,腹壁呈弧线下放。施青白釉,釉面莹润,整体造型线条优美、流畅。

【石泉款紫砂壶】(清。底长:13.6厘米,宽:6厘米,通高:8.2厘米)壶体呈半月形,桥形纽。壶腹部一面阴刻竹子及行书落款"石泉刻",另一面阴刻篆书"伴月",落款"石泉刻"。此壶造型独特,新颖别致,线条流畅秀美。

【子冶款紫砂壶】(清。腹径:14.5厘米,高:7.5厘米)壶体呈六方形,扁腹,圈足,桥形纽,壶身阴刻"倾不损,受不溢,用二缶则吉",落款"子冶"。此壶砂质细腻,构思精巧,铭文别致,格调高雅。

……

【茶馔】

茶是泡来"饮"的,往雅一点说是"品"的,婺源人却说茶是用来"吃"的。婺源人所说的"吃茶",是饮茶的意思。然而,在生活中,婺源人不仅以茶入馔用来吃,且成茶宴。茶入食在唐宋时曾有载记。古时,婺源人赴京赶考或野外劳作,用茶和面或和米粉做饼,以作充饥。宋时,婺源人朱熹也曾在星江之滨的廉泉旁,炭炉煮茶,以茶点茶糕款待门人。婺源是著名的茶乡,至于婺源从什么年代开始茶入菜肴，已无处可考。茶入菜肴，不仅保持了茶叶的清香和对人体的保健作用，且入鱼而不腥，入肉而不腻，增加了菜肴的鲜嫩与爽口。

2001 年前后，婆源源发茶叶公司的方根源等人，根据婆源民间茶菜的烹饪方法，进行收集整理开发，形成了"茶宴"。据方根源介绍：茶菜做起来不算复杂，但茶芽与茶汁的分量多少有一定的讲究。虽然要把茶菜做得真味不是一件易事，但把茶叶入菜，使菜肴可口与香美，也决非难事。如果要用茶芽入菜，就先用温水洗茶，以作备用；若是茶汁入菜的，用开水泡洗过的茶，滤去茶叶即可。比如源发茶叶公司推出的婆源茶菜"蒸真茶"，就是选用高山茗茶为原料，佘水粉蒸而成。此菜用同样的原料，拌以芝麻清炒，更为鲜嫩爽口，齿颊留香。婆源源发茶叶公司推出的茶菜菜品有："鲜茶香"、"南方茗参"、"中华茶鱼"、"仙枝腰花"、"丫玉笋"、"蕨茶蒸肉"、"茶骨"、"香茗汤"、"茶菇煲"……婆源茶菜无论是蒸、炒，还是炖、炸，都能让人体味一次身心回归自然的意趣。

三、婆源茶艺的经典演绎

20 世纪 80 年代以来，全国各地茶文化研究风生水起，中华茶文化开始走上了复兴之路。婆源是著名的传统绿茶产区，茶文化遗产丰富多彩。受朱熹思想的影响和"徽文化"的浸润，婆源的茶文化有着独特的地域色彩。1990 年 12 月，为配合《江西画报》复刊五周年活动，婆源县王涧石、詹永萱、程社淦等文化界学者，在挖掘整理民间泡饮习俗的基础上，推出了"婆源茶道"。

据主创人员王涧石介绍，当时婆源推出茶道表演在国内属第二家(首家推出的是浙江农业大学的童启庆教授，在学校组织学生表演)，受到了全国各媒体的广泛关注。茶道构成的基本要素是茶艺，茶艺亦是茶文化的基础。由于主体、地域文化条件的不同，茶道在实际生活中也是多层次的，呈现出各自不同的审美意识。婆源茶道从婆源茶艺与茶文化中选取不同的意蕴与内涵，通过艺

文士茶：冲泡

术加工，向饮茶人和宾客集中展现茶的冲、泡、饮的技巧，把日常的饮茶引向艺术化，提升了品饮的境界，从而赋予了婺源绿茶更强的灵性和美感。"敬、和、俭、静"的茶道内涵与精神，是王润石、詹永萱二人共同研究，并加以提炼总结出来的。婺源茶道通过精典演绎，体现出了"敬、和、俭、静"的文化内涵和道德精神。

【敬】其一，以茶敬客，是婺源相袭千年的礼仪风尚，它主要是传达主人的真诚和视客为尊的礼教。其二，茶为高洁之物，待之要恭敬虔诚，不可亵渎。

【和】茶叶清和、平正。和，是儒家思想的核心，是儒家追求的最高道德境界，而敬茶、品茶的过程，也正是感悟"和"的思想，修炼道德精神的过程。

【俭】茶性俭，婺源自古也以俭为风。俭可以励勤戒奢，积善养德。倡导君子之交，精行廉洁自省。

文士茶：焚香敬茶

【静】是一种品茶的状态，更是修养身性的条件。静以致远，心静才可以专心感悟，生发思想。

婺源茶道的文化内涵和道德精神，是茶乡这块古老土地，在千百年岁月中凝聚积淀而成的，深深地烙上了朱熹思想和世代淳朴民风的印记。古语说，水是茶之"体"。婺源绿茶的色、香、味、形，都是要靠水来显现的，而泡茶的水又贵在鲜活。朱熹有诗句"问渠哪得清如许？为有源头活水来"。因此，"廖坞泉中水，鄣山顶上茶"，无论茶与水，都是婺源茶与水的极品，更是最佳的组合。然而，在历史的发展进程中，由于饮茶主体、条件、环境、功用等方面的不同，茶道呈现出的形态也是不同的。婺源茶道以"农家茶"、"富室茶"、"文士茶"进行细分，反映出了不同层次的文化形态。婺源茶道用精典的茶艺符号与神秘的仪式感，进一步弘扬与传播了婺源茶文化。

农家茶:冲泡

【农家茶】

在婺源乡村，不仅家家会种茶，而且人人善做茶、饮茶。婺源人不论是上山伐木，还是下田耕作，都要带上用竹子做成的茶筒。茶筒是选用碗口粗的毛竹削去青皮制作而成，上端留半边成瓢状，瓢边竹节开一圆孔。讲究的，在茶筒上还刻些翎毛花卉，两端系上可以背的带子，既美观，又方便实用。为了路人方便，村间道路还设有茶亭。家里待客，更

是非茶不可。铜壶烧水，瓷壶冲泡，然后再分茶敬客，盛茶则用"汤瓯"（一种类似小碗的茶具）。这就是"农家茶"。

农家茶道表演程序依次为摆具、备茶、赏茶、荡碗、投茶、冲泡、分茶、敬茶和品茶等九道。

农家茶所用的茶叶是特级婺源绿茶，水则是山间清醇的泉水，茶具为青花瓷壶与茶盅和铜壶。

在悠扬的古乐声中，头系蜡染头巾，

富室茶

身着青花上衣、腰围绣花短襦裙的村姑,迈着轻盈的脚步,依次倒水洗盅。再用铜壶煮水,随之投茶入青花瓷壶。待水沸后,注入青花瓷壶。此时,壶中茶叶的清香随着壶中的热气向外散出,沁人心脾。而后,村姑手执瓷壶,依次从前至后,由左向右,为茶客斟茶。茶姑于举首投足之间,传递着婺源乡村淳朴的待客殷情,让人倍感亲切。

【富室茶】

婺源富裕人家,房子高大宽敞,会客常在堂前或花厅,窗棂明净,桌椅红亮,有些还在墙上挂几幅书画,颇具气派。富室茶是富裕人家于堂前花厅招待贵宾的一种高贵的茶道。

客人无论是围八仙桌或分列两旁,座位均有大小之分,因此,敬茶时先左后右,先上后下的顺序,不允许有些许的差池。富室茶的茶具,比农家茶更讲究,一般用锡制的通气壶烧水,有的还用银壶。饮茶则是用粉彩、古彩或青花的盖碗〔盖碗又称"三才碗"(即天、地、人):茶盖在上,谓之"天";茶托在下,谓

文士茶

之"地";茶碗居中,谓之"人"〕,真可谓器尽奢华。富室茶选用的是婺源墨菊茶和山泉水,茶具为锡壶、盖碗。其表演程序依次为:设具、备茶、赏茶、涤器、凤茶、冲泡,敬茶、受茶和品茗等十法。身着浅色旗袍的茶道小姐,雍容华贵、端庄雅致,每一程序都显得温文尔雅,落落大方。

【文士茶】

婺源茶道中,最讲究的当推"文士茶"。

婺源历史上属新安文化,儒雅风流。因此,文人学士品茶,一讲"境雅",或竹坞流泉,或幽院明轩;二要"器雅",泥炉郭炭,瓦罐竹勺,茶碗也以古朴为上;三是"人雅",人是品茶的主体,当然是最重要的。至于泉之高下,火之文武,水之三沸,泡之疾徐,更是无以穷尽,追求的是一种"汤清、气清、心清"的神妙境界。文士茶深为文人雅士所钟爱。

文士茶表演依次分别为摆具、焚香、盥手、备茶、涤器、置茶、投茶、洗茶、冲泡、献茗、受茶、闻香、观色、品味、上水和二道茶等 17 道程序。文士茶选用的茶与水,都是极其讲究的,茶要婺绿茗眉、灵岩剑峰,水则是地下水或山泉水。表演的女子一色婺源清时的装束:头挽云髻,插红蝶珠花或蝙蝠形珠花发髻,上着天青绣花的宽袖大襟衣裳,下系藏青百褶大摆曳地罗裙。她们体态端庄,神情专注,手法细腻流畅,气息清正平和,一副大家闺秀的风范。

文士茶在品饮程序上尽管与绿茶其他产区也大致相同,但它却因融合了婺源建筑和服饰等文化元素,并在传承婺源民间茶礼茶俗的基础上加以提炼升华,从而有着更为强烈的地域特点,也更加凸显了"新安人近雅"的文化心理和审美意象。文士茶尤其注重对诠释和传达"敬、和、俭、静"道德精神的追求。

婺源茶道讲究以茶立德,以茶陶情,以茶会友,以茶敬宾;注重环境、气氛,追求汤清、气清、心清和境雅、器雅、人雅。

婺源茶道的主要器具:

煮水壶、泡茶壶、瓯、碗、盂、炉、炭、扇、托盘、装茶器具、分茶器具、配料器具、敬茶器具、茶点器具、香烛、茶巾等。

婺源茶道的主要程序:

【静气】"静能入境,静能生慧。"表演者必须先心静,才能为进入表演状态做好准备。

【备器】表演者根据宾客人数的多少和表演的需要,备好汤瓯或盖碗、茶叶罐或茶筒、茶则、茶匙、开水壶等。

【焚香】表演者手持三炷香点燃,双手的拇指、食指捏香,弯腰行礼,一敬天地,二敬祖先,三敬茶圣陆羽,最后正对香炉依次把香插上,让宾客随着袅袅的烟香,进入茶道的高雅境界。

【涤器】表演者通过涤器显示洁净,表示对客人的尊敬。

【赏茶】表演者用茶匙将茶叶从茶罐(茶筒)中拨入"茶则"中(茶叶的一种量具。散茶泡饮,用茶则置茶,便于均匀布茶,做到杯杯浓淡一致),恭敬地端到宾客面前,让他们察茶色、观茶形、闻茶香。

【置茶】表演者左手拿"茶则",右手拿茶匙,将茶拨入杯中(每杯 3~5 克为宜)。置茶时,表演者按照金、木、水、火、土五个方位(五行学说)一一投入,遵照茶的圣洁特性,以祈愿茶给宾客带来幸福。

【洗茶】表演者用刚冒泡的初沸水少许浸润茶叶,后将水滗去。

静气

文士茶：投茶

【冲泡】婺源绿茶为炒青茶，条索紧结，表演者适用"凤凰三点头"等技法冲泡。其冲泡的水，以三沸水为上（遵照茶圣陆羽在《茶经·五之煮》中说，"其沸如鱼目，微有声，为一沸；缘边如涌泉连珠，为二沸；腾波鼓浪，为三沸已上，水老，不可食也"）。但冲泡茗眉一类芽茶，沸水须经少顷间歇，即"停汤"后方可。

【奉茶】表演者左手端起茶杯，右手五指并拢托杯底，恭敬地将茶奉给宾客。

【闻香】表演者让宾客调动身心，去感悟"未尝甘露味，先闻圣妙香"的意境。

婺源茶道表演的基本要求：

为充分展示婺源茶道之美，演绎婺源茶文化的丰富内涵，在茶道表演时要体现出"礼、雅、柔、美、静"的基本要求。

【礼】表演者在表演过程中，要注重礼貌、礼仪、礼节，做到以礼待人，以礼待器、以礼待茶，以礼待己。

【雅】表演者在表演过程中，语言、动作、表情、姿势、手势都要符合雅的要求，做到言语文雅、举止优雅，以进入"茶之大雅"。

【柔】表演者在表演过程中，要保持动作柔和、温柔，体现柔和之美。

【美】表演者在表演过程中，要自然纯朴地体现茶美、器美、境美、人美，使表演

文仕茶茶具

得到升华。

【静】表演者在表演过程中,要保持心静,做到动作娴熟,轻拿轻放,体现器静、境静。

婺源茶道的礼仪:婺源茶道中的礼仪,既吸取了婺源传统礼仪的精华,又与婺源茶道的精神内涵相一致,是表演服务过程中的礼貌和礼节。

【鞠躬礼】表演者弯曲身体,一是向嘉宾表示敬重之意,二是代表行礼者的谦恭态度。

【伸掌礼】表演者的示意礼,在表演活动中用得最多,表示的意思即:"请"、"谢谢"。

【奉茶礼】表演者泡好茶后,略躬身,恭敬地用双手把茶端给宾客。同时,面带微笑地伸手示意——"请用茶"。

【寓意礼】表演者在表演活动中,寓

意美好祝愿的礼仪动作:

(1)凤凰三点头

表演者用手提水壶高冲低斟,反复进行三次,寓意向来宾三鞠躬,表示欢迎。

(2)回旋注水

表演者在进行烫壶、温杯、温润泡茶、斟茶等动作时,用回旋法注水,寓意"来、来、来",以示欢迎。

(3)茶壶放置

表演者放置茶壶时,出于礼貌,壶嘴忌对宾客。

(4)斟茶

表演者为宾客斟茶时,只斟七分即可,寓意"七分茶三分情"。

婺源茶道的背景音乐:婺源茶道的背景音乐多用古琴、古筝等弹奏的古曲,舒缓、悠扬。如:《渔樵问答》《凤求凰》《梅花三弄》《阳春白雪》《春江花月夜》等。

【文士茶解说词】

表演开始时:

中国是茶的故乡。自古以来,茶与文人就有着不解之缘。以茶养志、以茶立德,成了文人雅士追求恬然淡泊的生活情趣与崇尚自然的精神境界。

婺源,处于中国绿茶的金三角上,自古就是出产名茶之地。在一千多年的产茶、制茶、饮茶过程中,婺源民间衍生了丰富的茶礼、茶俗。茶道,就是从这些茶礼茶俗中提升的一种文化形态。现在,大家开始欣赏的是婺源茶道表演——《文士茶》。

婺源的茶文化现象,有着独特的面貌。文士茶,就是依据文人雅士的饮茶习惯整理而成。文士茶的风格以静雅为主。这三位茶道姑娘的穿着,就是婺源妇女的传统服装——罗裙,裙子是整幅的,两片交叠,前后围系,虽然简朴,但端庄高雅,颇有大家风范。

焚香·点香结束时:

现在是焚香,一是敬茶圣,二是表示对宾客的欢迎。

赏茶·茶样碟上主宾席时:

请欣赏文士茶茶品,这是 AA 级绿色食品——婺源茗眉。婺源茗眉由于茶树生长条件优越,茶树品种良好,采制精细,成茶品质优良。具有外形弯曲似眉,翠绿紧结,银毫披露;内质香高,鲜浓持久;滋味鲜爽甘醇等特点。婺源茗眉是以上梅州茶树良种和本地大叶种的鲜叶为原料,采摘标准为一芽一叶初展,采白毫显露、芽叶肥壮、大小一致、嫩度一致,经精细加工而成,多次被评为全国名茶。

涤器·荡第一只杯时:

这道程序叫涤器,茶具宜燥洁,因此必须用热水将杯盏洗涤干净,方法是:先将杯轻荡三下,再淋盖,最后涮杯托,洗涤之后,再擦拭一遍。

置茶:

现在,开始置茶。茶道姑娘置的是婺源茗眉。请看,茶道姑娘将婺源茗眉放在"茶则"中,用"茶则"分茶,可以把握好茶则的分量,这样,泡出来的每一杯茶,都可以做到茶汤均匀,浓淡相宜。

洗茶:

洗茶,就是用少量的沸水先浸润一下茶叶,稍倾,又将水滗去,主要是为了祛荡寒气,促其张发。这种方法又称浸润泡,冲泡的时候,茶叶会更加舒展,茶汁也能更充分地释放出来。

冲泡·开始冲第一杯时:

现在开始正式冲泡,冲泡时,要做到心神专注,壶高水急,手法细腻,茶汤均匀。茶道姑娘现在表演的冲泡技法是"凤凰三点头",壶嘴三上三下,水柱银珠成练,只注七分满,这样,不仅让杯中的茶叶上下翻滚,受热均匀,而且给人一种柔美的视觉享受。

茶为水之神,水为茶之体。水与茶在泡饮中都十分重要。陆羽在《茶经》中说:"水以山泉为上,江河中,井水为下。"在婺源,当取廖公泉、廉泉之水。此乃唐宋名泉,古人常临泉煮水,品茗论道。煮水烹汤,在古时更是十分讲究的:火有文武之分,汤有三沸之法,候火辨汤,历来为茶人所乐道。

在婺源绿茶中,婺源茗眉当属婺源绿茶的上品。如果用婺源天然的山泉水冲泡婺源茗眉,先闻其香、观其色,然后再慢啜细品,将淋漓尽致地把《文士茶》,甚至文人雅士追求高雅的意境,恰到好处地展现出来,带给您的是自然山水与春韵绵延的气息。

表演结束前:

婺源文士茶,为历代文人雅士所喜爱。婺源茶道表演的《文士茶》,重于品,静于境,讲究用茶、用水,讲究器雅、境雅,讲究心清、气清,讲究共饮的氛围。正是在这种典雅与宁静中,蕴含着人们的精神追求,让人们在品饮之中,找到一种心灵被净化,被滋润的感觉,还有一种融入自然的境界。

【农家茶解说词】

表演开始时:

婺源境内峰峦叠翠,四季云雾缭绕,

产茶历史悠久。婺源乡村,家家种茶,人人饮茶,不仅上山伐木、下田耕作要带上茶筒,而且村间道路还设有茶亭,家里待客,常用壶泡茶分饮。茶重内质,情贵真诚,乡土气息,淳朴亲切。现在,大家开始欣赏的是婺源茶道表演——《农家茶》。

农家茶是由婺源民间的饮茶习俗演绎而成。在婺源,农家姑娘人人都能泡出一壶好茶,不仅体现出农家姑娘的天真、淳朴,身上透着健康活泼的青春气息,还体现了婺源农家的质朴与真诚。

备具·主表演取茶碗时:

农家茶表演用的茶具为青花瓷壶、青花瓷碗,烧水用的是铜壶。这种青花小碗,婺源叫"汤瓯"。在婺源乡村,一般用来饮茶,既简单,又朴实。

送干茶时:

请欣赏 AA 级绿色食品——特级婺源绿茶。婺源绿茶基地平均海拔 500~1500 米,主峰高达 1630 米,特定的气候与土壤条件,使婺绿茶具有香高、汤碧、味厚、汁浓的独特品味,深受人们的喜爱。

涤器·向壶注水时:

投茶之前,先用热水将瓷壶和汤瓯荡洗一遍。

冲泡·注水结束时:

这种泡法叫"壶泡法",就是将茶泡在壶中,然后再分饮。茶泡好之后,一般要等三分钟,这样,茶的香气和汁味才能充分溢出。现在,茶道姑娘冲泡的是 AA 级绿色食品——特级婺源绿茶。婺源特定的气候与土壤条件,形成了婺源绿茶得天独厚的品质,而特级婺源绿茶,则选用上等的婺源绿茶精制而成,茶香浓郁,汤碧味厚,品味独特,深受人们喜爱。

分茶·第五杯时:

请欣赏茶道姑娘的分茶手法,八个汤瓯,只见依次点洒,布水均匀,然后又从最后一个开始,倒过来点洒一遍,这样,茶汤才能前后一色,浓淡相宜,人们特此雅称为"韩信点兵"。

敬茶·茶奉至来宾手中后:

现在,人们讲究绿色生态,崇尚返璞归真。婺源茶道表演——《农家茶》,遵循的是淳朴的农家饮茶习俗,让你品饮的是纯生态无污染的特级婺源绿茶,表演过程轻盈欢快,热情真诚,让你在品味特级婺源绿茶的清香中,充分享受到了婺源淳朴浓厚的乡土气息。

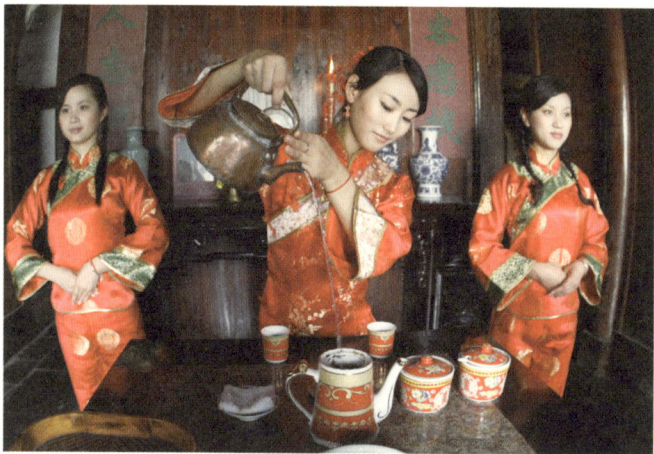

新娘茶:冲泡

【富室茶解说词】

（略——富室茶的表演程序与文士茶相似，只是讲究环境的富丽堂皇，注重茶具的奢华精致，礼节的繁复。）

……

结束语：

从来佳茗似佳人，高山流水遇知音。今夜有缘来相聚，来日与君再品茗。尊敬的各位来宾、观众朋友们，婺源茶道表演到此结束。祝各位晚安！

进入21世纪以来，婺源生态与文化旅游异军突起，被誉为"中国最美的乡村"。为策应旅游业的需求与发展，婺源又在传统民俗遗存中，挖掘整理出"新娘茶"和"茶筒茶"等茶艺表演。茶艺与茶道精神，都是中国茶文化的核心。婺源的"新娘茶"和"茶筒茶"等茶艺表演，生活气息浓郁，雅俗共赏，有较强的观赏娱乐性，从而与"婺源茶道"一起，成为天南地北游客和四海宾朋了解婺源茶文化的一个窗口。

新娘茶喜气、欢娱，其服装、器具、背景音乐更近民间。

新娘茶服装:新娘上穿大红绣花嫁衣，下穿红罗裙，脚穿红绣花鞋。伴娘

新娘敬茶

（二位）上穿右开襟大红绣花衣裳，下穿红裤，脚穿红绣花鞋。

新娘茶器具：泥炉、铜水壶、茶叶罐（贴红双喜）、瓷壶（贴红双喜）、梧桐滗盅（贴红双喜）、红花瓷壶（贴红双喜）、红花茶瓯（贴红双喜）、茶托盘（贴红双喜）、粿籽碟。

新娘茶背景音乐：婺源地方婚俗鼓吹。婺源新娘茶的鼓吹乐按程序进行，乐器主要有唢呐、小锣、小鼓、双铙。演奏的曲目有《小开门》《大开门》《铁银灯》《六么令》《万年欢》《上调皮子》《傍妆台》等，或喜庆，或轻松，或幽默，或悠扬，鼓点昂扬，热闹非凡。

【新娘茶解说词】

表演开始时：

在婺源人的生活中，处处都体现着茶文化的现象。新娘茶，作为婺源民间古俗，流传久远，代代相袭。

按照婺源的民间风俗，新娘在拜堂成亲后的第二天，有一件重要的事就是亲手泡制香茶，敬献公婆及男家亲眷。

厅堂里红烛闪烁，长辈们依序而坐，新娘在小姑的引导下，莲步轻移，登堂向四周长辈施礼。同时献上的还有从娘家带来的新人果子，里面有红枣、花生、桂园、瓜子，它预兆新娘"早生贵子"。

分茶、冲泡时：

现在,新娘开始分茶泡茶。新娘采用的茶具,是从娘家带来的嫁妆,茶品是新娘出嫁前自采自制的毛尖茶。新娘泡茶时加上冰糖桂花一起冲泡,取其甜蜜富贵之意,向亲人传递吉祥如意的祝福。

敬茶·茶奉至来宾手中后：

新娘敬茶讲究的是规矩,有序重礼。新娘敬的第一杯茶,当然是上方的公婆。按照婺源的民俗,当新娘向公婆敬茶时,公婆要递上"红包"。新娘敬好公婆之后,再按下左、下右,左上左下,右上右下的顺序相继敬茶。如果客人分列而席,那自然也是先左后右,先上后下了,这种重礼之风,婺源民间至今还保存着。

"品饮新娘茶,一生福无涯。"让我们随着新娘敬献的那杯甜甜的香茶,细细地去品味那份温馨的亲情,以及婺源绿茶的清香。

【茶筒茶解说词】

(略——茶筒茶表演与农家茶相似,只是再现了人们生产劳作中用茶筒带茶、喝茶的过程,程序较为简单。)

婺源茶艺名优茶冲泡法:婺源绿茶属炒青茶,外形条索粗壮匀整,色泽深绿泛光,滋味厚实,香高,是炒青茶中品质最优秀的茶叶之一。婺源茶艺中用的名优茶,非常细嫩,冲泡多选用玻璃杯或白瓷杯,一是便于赏茶,二是以防泡熟而失其色泽与鲜香。

【赏茶】表演者泡茶之前,先让宾客欣赏名优茶茶品。因为婺绿名优茶的产地、品类不同,茶的造型、色泽、香气都各有特色,所以,每一种茶品都值得宾客鉴赏。

【冲泡】表演者采用透明玻璃杯泡茶,可以让宾客欣赏优美的"茶舞"(即:茶在杯水中的缓慢舒展、游动、变幻的过程)。再视茶叶的嫩度及茶条的松紧程度,分别采用"上投法"、"下投法"冲泡(上投法:即先冲水后放茶,适用特别细嫩的茶;下投法:即先投茶后注水,适合于茶条松展的茶)。冲泡过程中,充分让宾客欣赏茶叶在杯水中的曼妙舞姿,感受茶叶氤氲弥漫的清香。

【品茶】表演者引导宾客放松身心,让茶汤与舌头的味蕾亲密接触,细啜慢品和体味杯中香茗的美妙感受。

如果说,婺源茶道洋溢着最美乡村的儒雅和秀丽,那么,婺源茶艺则充满浓郁的生活气息。婺源茶道一问世,备受新闻媒体的关注,影响波及全国。之后,又相继在南昌国际农业考古学术研究会、上海龙华庙会、北京全国首届农业博览会、广州交易会等处引起轰动。婺源茶道先后参与了数百场各种文化和经济交流活动，并在1993年随中国国际贸促会代表团赴科威特，首次将中国茶文化中这一特别的文化形态传播到海外。1992年

6月8日，全国政协副主席叶选平在婺源观看了茶道表演之后，欣然挥毫题词："茶道是诗，茶道如舞。"入乡而随其俗。婺源茶艺推出后，由于观赏娱乐性强，深受国内外游客欢迎。2006年，婺源茶艺被列入"江西省非物质文化遗产"名录。

四、婺源茶艺的传承发展

千百年来，婺源人从茶的种植、加工到煮煎冲泡，积累了大量的经验，具有广泛的群众基础，也留下了丰富的遗产。婺源茶艺，既是婺源文化的有机组成部分，又是"茶乡"、"书乡"文化的集合体。随着婺源茶产业的发展和婺源茶文化研究的深入，婺源茶艺的传承发展意义重大。

婺源茶艺的主要价值：

——对婺源茶叶的生产、消费历史有很高的研究价值。

婺源茶乡千年积累的茶叶生产技术、消费习俗等，在婺源茶艺中得到了充分体现，使之成为人们研究和了解其历史的重要渠道。

——对研究婺源民俗、礼仪的产生、演化、传承，丰富婺源民俗文化，特别是茶文化具有重要作用。

在中华传统文化和婺源民间文化交融孕育出的婺源茶艺，融合了地方民间文化和中华传统文化的精华，体现了中华茶艺的美学特征，在中华茶文化史上具有重要的示范作用和独特的典型意义。

——挖掘、研究、发展、运用婺源茶艺，是促进婺源茶文化传承和中外茶文化交流的重要手段。

婺源茶艺独特的乡村风格、优雅的表现手法、极高的文化品位，体现了婺

婺源农家茶表演

源人的审美意识和审美追求。婺源茶艺，作为中华茶艺的一朵奇葩，将会受到越来越多国家与地区人民的欢迎。

——对婺源茶产业、茶文化的发展，能起到互利互惠、相互促进的作用。

因茶兴艺、以艺助茶。婺源茶产业、茶经济的发展史，都渗透在了婺源茶艺的构成要素之中。婺源茶艺，是千年茶乡经久不衰，兴旺发达的历史见证。随着我国社会的发展和经济的转型，它将

对于今天人们如何去弘扬茶文化，搭建艺术与产业的桥梁，提供积极的发展思路，并具有现实的指导意义和重要的借鉴意义。同时，正确处理好"普及与提高"、"继承与创新"、"产业与经营"、"发掘与保护"的关系，从而促进婺源茶艺与婺源茶产业、茶文化的共同发展。

婺源茶艺的濒危状态：

随着现代文明的蓬勃发展，不同地

第一届婆源国际茶文化节茶会

域文化的交流、同化,日益频繁密切,地域文化的特性也逐渐淡化。婆源茶艺虽然在婆源县委、县政府的大力扶持和有关部门的积极努力下,做了许多抢救、发掘、继承、弘扬工作,但仍然陷入濒危状态:

一、传统的茶艺习俗在民间正在日益淡化。

随着社会的进步,现代人的生活方式以及人生观、价值观发生了巨大的变化。婆源茶艺中的信仰、观念,生日、寿诞的人生礼俗,与茶歌小曲、谚语、歇后语等等,失去了生存土壤,传统的茶艺习俗在民间正在日益淡化。

二、婆源茶艺的载体正在发生改变。

婆源茶艺赖以传承的载体形式,主要是婚礼、寿庆,以及丧事。但是,随着现代人生活方式的转变,婚礼、寿庆的场所渐渐转向宾馆、饭店、婚庆公司,使茶艺原本的生活需求功能逐渐消失,转而走上表演专业化、艺术化的发展道路。

三、婺源传统的茶技正在消失。

由于科技的进步,机械化程度的提高,婺源茶艺中许多传统的茶技内容,如手工"杀青、摊凉、揉捻、焙干"等制茶技术正在消失。婺源茶艺中的信仰观念、风俗道德失去了生存土壤,传统的茶艺在民间正在日益淡化。这些茶艺与茶俗,随着老一代人的故去,已经鲜为人知或淡化弱化。如果不及时抢救性研究发掘,宝贵的婺源茶艺,将难以彰显其魅力。因此,全面、系统地挖掘、整理、保护、传承婺源茶艺,已迫在眉睫。

婺源茶艺已采取的保护措施:

一、1990 年,婺源县培训组建了第一支茶道(艺)表演队(公办),在国内外进行了数百场表演,并积极参与了各种文化和经济交流活动。

二、1990 年至今,婺源民间先后恢复成立茶艺(道)表演队 16 支,恢复茶楼、茶苑、茶亭 21 家(座),建设综合性的茶文化博览馆——"茶博府"1 座(占地 20 亩,建筑面积 1 万多平方米)。

三、国家劳动和社会保障部于 1998 年将茶艺师列入国家职业大典,婺源茶校以婺源茶艺为基础,开设了茶文化专业,培养了大批茶艺专业人才。2006 年,婺源茶校编排的"新娘茶",在杭州举办的全国茶艺技能大赛中荣获银奖,2008 年又在首届宁波国际茶文化艺术节上获金奖。2010 年,婺源茶校编排的"茶筒茶"荣获江西省中专茶艺技能赛金奖。

四、2004 年春,婺源县人民政府承办了首届"国际茶文化节"。

五、2005 年 5 月,婺源恢复水动力制茶工艺——在晓起创立了"中国茶文化第一村"。

六、2005 年,婺源县先后成立了婺源县茶业联合会和婺源县茶文化研究会。

七、2005 年 7 月,婺源县组织了第二届全国少儿茶艺夏令营。

八、2005 年 8 月,在婺源举行了"中国茶文化学术研究与学科建设研讨会",来自江西和北京、广东、浙江等省的二十多名专家学者,围绕茶文化学科建设、茶艺与茶业经济、旅游经济的和谐发展等课题进行了深入研讨。

九、2000 年以来,婺源茶业界的有关专家收集了大量茶资料、文物,发表了大量茶技茶艺论文、茶故事等。

十、婺源县为保护悠久的茶艺,已制定了五年保护计划。此计划由婺源县人民政府牵头,婺源县文化广播电视局负责组织实施,婺源县文物局、婺源县旅游局全力配合,婺源县非物质文化遗产保护领导小组负责检查、督导。保护计划要点如下:

(一)静态保护

(1)进一步全面深入细致地开展普查工作,彻底摸清婺源茶艺的历史渊源,发展传承的过程,将涉及的子项目的起源、发展的历史沿革进行收集整理。

(2)对婺源茶艺所有普查资料,进行归类、整理、建档、保存。

(3)依托婺源县茶文化研究会开展理论研究工作。邀请中外研究茶文化、茶艺史专家,举办高规格茶文化研讨会,并把研究成果编纂成书,付梓出版。

(二)动态保护

(1)扶持"中国茶文化第一村",建立茶艺民俗重点村区,实行项目化重点保护。

(2)继续扶持民间茶艺表演队伍,

提高从业人员素质,不断提高经营管理的规范化和科学化,有效推动婺源茶文化特色化品牌化发展。

(3)进一步办好婺源茶校茶文化专业,组建少年茶艺队,不断培养婺源茶艺新人,使婺源茶艺得以有效传承,并融入时代特征,赋予传统文化以新的形式和魅力。

(4)从研究成果中提炼实质性的内容,将婺源茶艺上升到更高的理论和艺术高度,进一步拓展婺源茶艺在中华茶文化中的传播与影响。

(5)打造婺源茶艺的文化品牌,发展文化产业,并将婺源茶艺与旅游业相结合,大力发展茶艺展演场馆,拓展服务功能的多样性。

(6)继续办好"婺源国际茶文化节"等茶文化宣传推广交流活动,促进茶文化国际化的发展。

(7)建设"婺源国际茶业博览园",全面保护和展示茶文化,推动茶文化的发展与繁荣。

参考文献

1. 丁以寿:《中华茶艺》,安徽教育出版社,2008 年版。

2. 李伟,李学昌:《学茶艺》,中原出版社,2002 年版。

3. 夏涛:《中华茶史》,安徽教育出版社,2008 年版。

4. 汪禄生:《大畈村志》,婺源县江湾镇大畈村民委员会,2008 年编。

5.《婺源县文史资料——书香遗韵》,婺源县政协文史委,2007 年编。

6.《婺源县文史资料》,第二、四辑,婺源县政协文史委,1993 年编。

7.《人民画报·婺源特刊》,人民画报出版社,2010 年。

8.《婺源风物录》,婺源县文联,1986 年编。

9. 陈钰:《中华茶之艺》,地震出版社,2010 年版。

10. 伊俊:《陆羽茶艺笔记》,中国华侨出版社,2009 年版。

11. 詹祥生:《婺源博物馆精品集粹》,文物出版社,2007 年版。

12.《婺源县志》,档案出版社,1993 年版。

13.《婺源县民间歌曲集》,婺源县民间歌曲编选小组,1981 年编。

14. 洪鹏,王洞石,詹承烨,胡兆保:《婺源绿茶》,上海文化出版社,2012年版。

在全国第六个"文化遗产日"之前,也就是《中华人民共和国非物质文化遗产法》开始正式施行的日子,婺源县文化部门提出由"政府主导,社会参与",编辑出版一套"婺源非物质文化遗产录"丛书,全面准确地反映婺源非物质文化遗产的丰富内涵与保护成果,得到了婺源文化人士的积极响应。这,不仅充分体现了婺源重视申遗与保护并举的措施,以及对文化遗产保护的自觉,还体现了编写者的社会责任感和文化情怀。

婺源非物质文化遗产,既是婺源历史文化的见证,也是婺源民间文化的重要载体。自2006年开始公布首批"国家非物质文化遗产名录"以来,婺源有婺源徽剧、婺源傩舞、婺源三雕、婺源歙砚雕刻技艺等4项列入国家级非物质文化遗产,分别有婺源茶艺等11项和婺源菜制作技艺等21项列入省市级和县级非物质文化遗产名录。这次选取婺源徽剧等9项编写成书,无论对编写者还是传承者来说,都是一件值得欣慰的事。然而,由于一些项目历史脉络的模糊与轨迹的重合,一些技艺性项目对技术层面的专业要求很高,而编者学识有限,因此,书中难免有疏漏之处,竭诚欢迎专家和读者批评指正!

本丛书在编写中,参考和引用了相关著作的相关成果,在此,谨向有关作者表示诚挚的谢意。唯愿本丛书的出版,能对婺源非物质文化遗产的传承与保护起到积极的推动作用,甚至对"婺源非遗"的传播产生更为广泛和深远的影响。

编者

2012 年 8 月 9 日

图书在版编目(CIP)数据

活着的记忆:婺源非物质文化遗产录.1,徽剧·傩舞·茶艺 /
王振忠主编;胡兆保,何柏坤,洪忠佩著.
—南昌:江西人民出版社,2013.5
(《婺源非物质文化遗产录》系列)
ISBN 978-7-210-05960-8

Ⅰ.①活… Ⅱ.①王… ②胡… ③何… ④洪…
Ⅲ.①文化遗产–婺源县–名录 Ⅳ.①K295.64–62

中国版本图书馆 CIP 数据核字(2013)第 114429 号

活着的记忆

婺源非物质文化遗产录(1)

王振忠 主编 胡兆保 何柏坤 洪忠佩 著
责任编辑:王醴颉 **封面设计**:同异文化传媒
出版:江西人民出版社 **发行**:各地新华书店
地址:江西省南昌市三经路 47 号附 1 号(邮编:330006)
编辑部电话:0791-86898983 **发行部电话**:0791-86898801
网址:www.jxpph.com **E-mail**:380962900@qq.com
2013 年 5 月第 1 版 2013 年 5 月第 1 次印刷
开本:787 毫米×1092 毫米 1/16
印张:12.75 **字数**:160 千
ISBN 978-7-210-05960-8
赣版权登字—01—2013—163
版权所有 侵权必究
定价:58.00 元
承印厂:南昌市红星印刷有限公司
赣人版图书凡属印刷、装订错误,请随时向承印厂调换